U0061408

中華書局

搖籃地

中西區教育今昔

黃棣才　劉亮國
香港教育大學香港教育博物館——著

本書編委會

「香港教育故事」 叢書系列編者	李子建教授（香港教育大學學術及首席副校長、 　　　　　　教育承傳計劃顧問委員會主席）
	鄭保瑛博士（香港教育大學圖書館館長）
	鄧穎瑜女士（香港教育大學香港教育博物館館長）
本書總策劃	劉亮國博士（香港教育大學文化與創意藝術學系助理 　　　　　　教授）
編著者	黃棣才博士（香港教育大學科學與環境學系講師）
	劉亮國博士
立體模型製作	宋玟娅博士（香港教育大學文化與創意藝術學系助理 　　　　　　教授）
	黃棣才博士
	修讀香港教育大學 Design for Living 課程（2019 年 上學期）學生參與設計
程式編寫	徐偉隆（香港教育大學圖書館助理館長）
協助撰稿	周柏賢（香港教育大學文化與創意藝術學系研究助理）
插圖	馬子淼（香港教育大學文化與創意藝術學系學生）
攝影	黃嘉樂（香港教育大學圖書館行政助理）
	蘇志樂（香港教育大學亞洲及政策研究學系學生）

此書第一、二章及總結由黃棣才博士編著；第三章由劉亮國博士編著，周柏賢協助撰稿；第四章由香港教育博物館張耀輝及香港教育大學學生莊焯霖、李文翰、唐煒僖、洪寶鈴、譚梓濤進行人物訪問；參考書目由香港教育大學圖書館戚紹忠、葉佩聰協助整理。

序

　　中西區是個匯聚古今中外的地方。1841 年，英國人宣布香港成為自由港，期望把中環一帶發展為「女皇城」，1843 年更改名為「維多利亞城」。[1]

　　甫踏入區內，密密麻麻的摩天大廈和玻璃幕牆即映入眼簾，逾百年歷史的電車路縱橫交錯，大街上車水馬龍、熙熙攘攘，呈現一片繁華熱鬧的景象。沿着內街拾級而上，發覺人流漸少，環境清幽。橫街窄巷之中，歷史建築與各式唐樓民房星羅棋布，現代商業和古老文化氣息共融，令這區倍添韻味。

　　中西區獨特之處在於它的歷史。百多年來，中西區一直是香港的商業中心，亦是殖民地時期最早開發的地區之一。隨着基督教及天主教的傳教士陸續建立教堂、教會學校和其他設施，此區擁有較成熟的學校網絡和教育設施。若能停下細看當中古色古香的校舍，不難發現一些令家長趨之若鶩的名字——英皇、聖類斯、聖士提反、聖保羅、聖若瑟……盡是全港知名的學校。其中聖士提反女子中學於 1906 年創辦，香港政府在 1992 年把該校本部大樓列為法定古蹟，也是香港第一所中學校舍被列為古蹟。[2]這些名校和宗教團體甚有淵源，而且其校齡和校舍同樣歷史悠久。它們的校史，就是香港教育的縮影。

香港早年的學校，皆為俗稱「卜卜齋」的私塾。開埠之後，得益於自由港的設立，歐美教會紛紛以到內地傳道為目標，派員東進，傳道人中不乏學養之士，以著名漢學家理雅各為佼佼者。之後，港府鼓勵教會和私人辦學，來港傳道人和家眷以普及教育為己任，創辦多所西式學堂，從最初只服務在港外籍人士，到後來惠及華人、貧民及女童。中國留學之父容閎、國父孫中山、香港首位華人大律師伍廷芳等，都曾就讀於新式學堂，獲西學之風浸潤，成為時代的開拓者。

本書將帶讀者走進百多年前的殖民時代，追溯本地正規教育的源頭，感受一個多世紀教育發展的流金歲月。在一睹教育先驅風華之時，亦窺探他們的遠大眼光和胸懷，了解他們在設計教學內容時，如何兼顧社會需要和學生背景的縝密心思，更可欣賞古老校舍的建築特色及獨有特質。

百年過後，滄海桑田。當年的新式學堂有些已湮沒於歷史的長河之中，有些則發展為今日名校，營造出獨特的校風和校園文化。當中各校的變化和香港發展息息相關，學堂一方面要不斷更新所傳授的知識，以配合社會經濟進步的需求，同時亦必須對日後發展別具洞見，培育帶領和推動社會進步的人才。不少學生從中得益，在政商界大放異彩，取得驕人成就。故此，這部教育回顧，亦如一本香港的名人錄。

全賴中西區各校鼎力相助，我們有幸邀請到一班校友和同學，不分年代共聚一堂，分享自己在母校的生活點滴，從中透視這城區的發展脈絡，回顧學校和社區之間的緊密情誼，反映香港不同時代的面貌。透過他們的分享，讀者可以感受到校內代代相傳的抱負和情懷，以及各校畢業生的獨特氣質。

我們探取一個跨學科合作取向，由地理及環境專家、藝術和建築設計

第一章

中西區教育與香港教育發展

從 1841 年開始說起，
當年的政治環境與城市規劃等因素，
是如何影響學校創辦及發展呢？

1841 ~ 1859

起步時期

早在 1833 年，英國國會已通過《教育補助金法案》，為貧窮兒童學校提供補助金。香港開埠後，港府因稅收緊絀，沒有設立公立學校，但對教育採取自由開放的態度，不單鼓勵教會和私人辦學，更資助既有的私塾。1841 年，香港成為自由港後，打破了葡萄牙和西班牙對歐洲以外世界傳教的保教權壟斷[1]，歐美教會紛紛派遣傳教士到香港，以香港為中轉站，目的是進一步向仍然封閉的中國內地傳教。

這些傳教士學識淵博，在香港建立教會，亦開辦學校。當中有收取學費以維持運作的，也有免費的，藉教育傳教，並培養傳道人。在這時期來港辦學的西方宗教團體有馬禮遜教育協會、美國浸信會、倫敦傳道會、英國聖公會和羅馬天主教會等，所建的學校都集中在中環和上環地區。教會為香港帶來了「學校」這一種新事物，而學校是設有班級的，每級的教學程度按級數提升。教會學校多附設在教會裏，各有自

1　保教權指的是十六世紀由羅馬教廷授予西班牙與葡萄牙兩國對殖民地傳教區的保護政策，到後來卻發展成為對傳教區的支配權。

己的學制和教學內容，教會和學校也多位於市場附近。

教會辦學因得到港府鼓勵，故能迅速發展。相對於教會學校，中國傳統的教學模式則以私塾為主。私塾是沒有班級的，一般只有一個房間，學生由數人至十多人不等，年齡和程度各異，由一位老師因材施教，學習《三字經》、《千字文》、《百家姓》、《增廣賢文》、《四書》和《五經》等，着重「死記硬背」和寫字，在啟蒙階段「不求甚解」，不設畢業期限。

馬禮遜教育協會（The Morrison Education Society）於 1839 年在澳門成立馬禮遜學堂（Morrison Memorial School），其後於 1842 年遷往香港城區東陲灣仔的摩利臣山。美國浸信會（Baptist Convention）的叔未士（Jehu Lewis Shuck）則在該會皇后大道中會址附近，建立宏藝書塾，其妻叔何顯理（Henrietta Hall Shuck）則創辦浸信會女校，兩校都在獨立校舍內授課，後者更是香港第一所女子學校。翌年，倫敦傳道會（London Missionary Society）理雅各牧師（James Legge）將

寄宿學校英華書院（Anglo-Chinese College in Malacca）和附屬印刷廠，從馬六甲遷到城區的中環和上環交界，士丹頓街和鴨巴甸街的倫敦傳道會大樓內，並仍任校長。這地方正好是洋人和華人活動的分水嶺，大樓名「太利樓」，是學校、宿舍和印刷廠所在之處，附近一帶地區日後亦發展為印刷業的集中地。1845 年，華民政務官建議政府津貼八所中文私塾。1846 年，理雅各夫人開辦免費女子私塾，為英華女學校前身。港府於 1847 年成立教育委員會，負責研究如何資助和監管受補助的學校，又促使受資助的私塾轉為官立，稱為皇家書館（Government Schools），學校部分時間須教授英語。

馬禮遜學堂因缺乏資助於 1849 年結束。同年，由聖公會牧師史丹頓（Vincent Stanton）創辦，旨在向華人教授世俗教育的英文學校聖保羅書院（St. Paul's College）開課，與英華書院吸納了不少馬禮遜學堂的學生，學生數目介乎 30 至 40 名之間。英華書院（Anglo-Chinese College）於 1858 年停辦，一說是

港府新政策使然，另一說是因為教員缺乏所致，也有說法謂肄業生多從商，有違贊助者傳教原意，因而失去資金維持運作，這種種說法皆反映了當時的教育情況。以上各校皆為教會開辦的男校，對象是華人，並提供寄宿。天主教會於 1843 年在威靈頓街天主堂會址二樓開辦中文學校，七年後又於太平山區開辦中國學校。私塾於區內民房依然普遍，男童一般須在私塾修讀一段日子，才能考入學校讀書。而在中上環範圍內，仍然沒有由官方主動劃出的教學用地。1858 年，皇家書館開始兼收女童，是戰前小學男女童同班上課之雛形，中學則仍維持男女分校上課。

港府用公帑資助教育的做法，曾受到納稅人反對，指出部分受助學生會到內地發展，對香港沒有貢獻。政府則解釋，資助教育可培訓中英雙語人才，能支援香港商業發展，即使受惠者轉到內地工作，亦能促進香港商人在內地的貿易活動，消除兩地之間的摩擦和誤會，唯受助學校或私塾是不能教授宗教的。港府在 1857 年頒布由皇家書館監督學院羅傳列牧師(Rev. W. Lobscheid)制定的《皇家書館則例》（Rules and Regulations for Government Schools），是香港最早的教育條例，主要內容包括華人子弟可免費入讀皇家書館，書館要有編班、時間表和學生出席紀錄等。同年港府增辦 7 所皇家書館，包括在西營盤開辦西角官學堂(West Point School)，有四個班別，為英皇書院前身。1859 年，皇家書館數目增至 19 所，學校班級相當於現在的小五和小六。

德輔道西

皇后大道西

第一街

第二街

第三街

第三街

西邊街

正街

東邊街

高街

般咸道

般咸道

柏道

列堤頓道

羅便臣道

堅

盧吉道

❶ **中國學校**
太平山區
1850年開辦

❷ **中華書院**
荷李活道122A號
1847年開辦

❸ **宏藝書塾**
荷李活道109號
今聖公會基恩小學位置
1842年開辦

❹ **英華書院**
士丹頓街45-67號
1843年開辦

❺ **歐童學校 St. Andrew's College**
士丹頓街
1860年開辦

❻ **中文學校**
威靈頓街羅馬天主堂
1843年開辦

❼ **聖保羅書院**
下亞厘畢道1號
1851年開辦

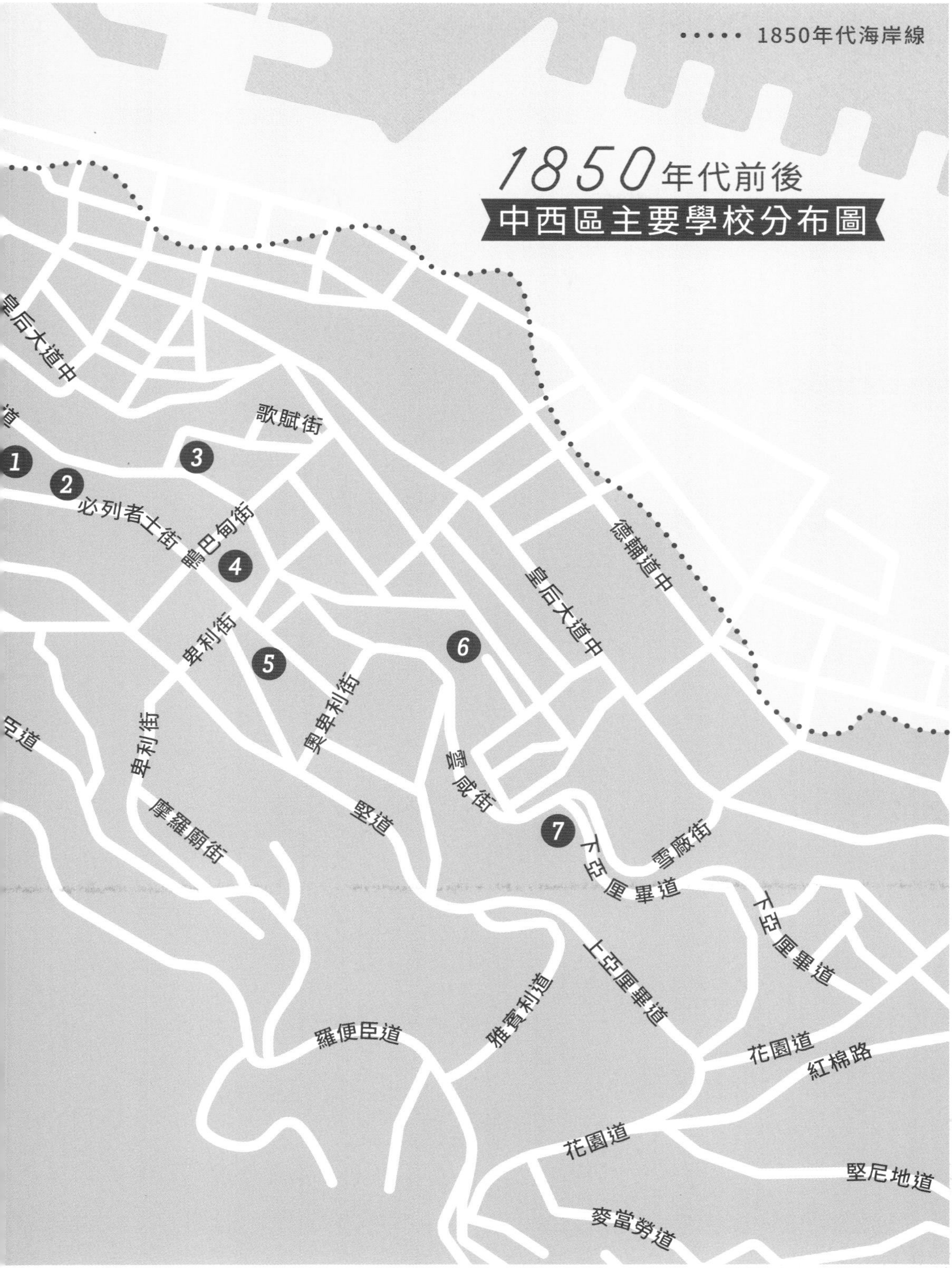
1850年代海岸線
1850年代前後
中西區主要學校分布圖
皇后大道中
歌賦街
1
2
3
必列者士街
鴨巴甸街
4
卑利街
5
6
德輔道中
皇后大道中
卑利街
奧卑利街
雲咸街
摩羅廟街
堅道
7
下亞厘畢道
雪廠街
下亞厘畢道
上亞厘畢道
雅賓利道
羅便臣道
花園道
紅棉路
花園道
堅尼地道
麥當勞道

1846 年油畫，從威靈頓街羅馬天主堂向西眺望威靈頓街和擺花街，左上方最高建築物是士丹頓街北面的英華書院，第一代愉寧堂位於英華書院的前方、伊利近街和荷李活道交界位置，又稱大石柱教堂。
（圖片來源：香港大學圖書館）

1860 ~ 1886
學制確立時期

　　九龍半島在 1860 年被割讓予英國，但沒有多大發展，直至 1898 年新界亦被租借予英國後，九龍才開始市區化，並設立學校。港島的教育，則隨着城區擴展，中西區的半山和西營盤皆已設有學校。港府初期的政策是教育與宗教分立，只會補助單純教授學科的學校。

　　1859 年 9 月，羅便臣爵士就任港督，翌年改組教育委員會為教育諮詢委員會，接納委員理雅各的《理雅各教育革新計劃》，成立一所模範官校，並負責監督港島各地私塾。港府將位於太平山、中環市場、上環市場和摩羅廟街附近四所皇家書館合併為中央書院（Central School，亦稱大書院），為皇仁書院的前身，以荷李活道 109 號的宏藝書塾為校舍，並予擴建，又聘請英國人任教，由教育家史劍域博士（Frederick Stewart）擔任校長和督學。校舍最初只有四個課室、一個中央大堂和宿舍。中央書院在 1862 年 3 月 10 日開課，有三班學生，上午學中文四小時，下午學英文四小時，用英國教科書，因英語具商業價值，大受歡迎。數年後，中央書院推行英國文法學校的三部八班學制。所謂三部八班學制，相當於現今的小五至中六級別，第八班至第七班為預備部（Preparatory School）、第六班至第四班為初級部（Lower School）、第三班至第一班為高級部（Upper School）。

1870年，馬禮遜學堂舊生容閎向清廷倡議，派遣幼童前往美國留學，學習西學以富國。1872年到1875年間，清政府先後派出四批共120名的留美幼童，中央書院學生唐紹儀和周壽臣獲得選派。著名商人何東也是中央書院舊生，他於1873年完成傳統的書齋教育後轉到中央書院求學。

　　1851年，中國爆發太平天國之亂，大量人口從內地逃難到香港。港府遂有規劃地開發西營盤，區內街道井然，街市位於中央，海旁為碼頭和貨棧，東西兩旁為教堂、學校和醫院規劃用地，土地用途至今只有些微變動。半山堅道以上地方較為偏僻，交通不便，因當時尚未發明汽車，只有馬車和人力車代步。洋人在半山購地興建碩大的花園洋房居住，有別於華人於太平山和上環興建的狹隘小樓房。1888年，港府通過《歐洲人居住區保留條例》（The European District Reservation Ordinance），將黃泥涌道至薄扶林道的半山，闢為歐洲住宅專用區。其後富裕的華人開始購入這些歐洲住宅居住，教會或團體也使用這些寬敞的大宅作為校

意大利嬰堂學校（圖片來源：香港歷史博物館）

The view of the Italian Convent up the Peak, Hongkong

Part of St. Joseph's Collega

舍，例如 1860 年堅道的意大利嬰堂學校（Italian Convent School）、1876 年堅道 99 號的聖若瑟書院、1900 年代般咸道 64 號的拔萃女書院、1910 年代堅道 97 號的英華書院、1915 年堅道 2 號的聖保羅女書院（St. Paul's Girls' College）、1935 年堅道 26 號的真光小學和 1937 年般咸道 84 號的培英中學等。

1860 年，聖公會施美夫會督夫人（Lydia Smith）於般咸道 9A 號，建立聖公會第一所女子學校曰字樓女館（Diocesan Native Female Training School）。這是一所獨立而非附屬於教堂內的學校，校名和學制曾多次變更，遮打爵士（Sir Catchick Paul Chater）曾經資助，購入一半用地以作擴建，為拔萃男書院和拔萃女書院之前身。學生主要為外籍學童和混血兒，反映當時外籍人口的增加並在港建立家庭，以及洋人和華人因結合而帶來的混血兒教育問題。因為西營盤是新開發區，校舍亦鄰近半山，環境清幽，有利學習。

1860 年 4 月 12 日，六位意大利嘉諾撒仁愛女修會修女來港傳教，葡籍會友捐出一幢位於半山堅

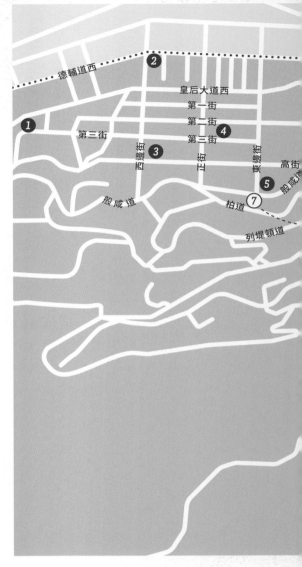

❶ **西環養正院**
第三街179號
今聖類斯中學中座東翼位置

❷ **西營盤聖公會小學**
沒有固定校舍，曾有文字提及校舍位於西邊街口，聖彼得堂對面。

❸ **巴色傳道會女義學**
高街97號

❹ 西營盤官學堂
第三街35-41號

❺ 日字樓女館
般咸道9A號

❻ 伯士大 / 巴陵女書院
高街1F號

❼ 白思德紀念學校
荷李活道232-234號
1876年從般咸道遷到荷李活道，1919年
改名荷李活道聖公會學校，1964年遷往
新街，改名聖公會聖馬太小學。

❽ 中央書院
歌賦街44號

❾ 英華書院
士丹頓街45-67號
1858年停辦

❿ 意大利嬰堂學校
堅道26號

⓫ 聖若瑟書院
羅便臣道聖若瑟台
原稱聖救世主書院，1864年成立，
1875年改名聖若瑟書院，1876年遷往
堅道99號，1881年遷往聖若瑟台。

⓬ 聖保羅書院
下亞厘畢道1號

道的樓宇作為會址，並用作英文女校、葡文女校和中文學校，招收歐裔、葡籍和華裔兒童就讀，統稱意大利嬰堂學校，即嘉諾撒學校(Canossa School)前身。翌年堅道36號修會新會舍落成，為中西區最早的天主教女修會。而早於1848年來港傳教的法國沙爾德聖保祿女修會四位修女，則在灣仔進教圍設立修院和孤兒院，1851年開辦聖童之家。兩所修會皆開辦孤兒院，棄嬰以女童居多，反映當時香港的棄嬰問題和重男輕女的觀念。棄嬰當中有不少是傷患兒童，大多在收容後不久死去，也有天生是聾啞的，會方養育她們，並教以求生技能。意大利嬰堂學校主要教授女童商業科目，如簿記和後期的打字技能等。法國沙爾德聖保祿女修會亦開辦法國修道會學校，為聖保祿學校前身。

1860年，高雷門神父(Timoleone Raimondi)在士丹頓街開辦歐童學校。1864年，高神父合併歐童學校和中國學校，改在威靈頓街羅馬天主堂的傳教所內開辦偏重商科的聖救世主書院(St. Saviour's College)，學生共152人，又在西

營盤開辦西環養正院(西環感化院，West Point Reformatory)，後改稱聖類斯工藝學院，即聖類斯中學的前身。迄至1874年，天主教會已開辦了18所學校，有學生723人。1873年，政府施行《補助則例》(Grant Code)，規定成為補助學校(Grant School)的資格要不牟利、校舍有良好衛生條件、學生人數不少於十人、每日至少有四小時教授語文和數學科目、四分之一補助金要用作教師薪酬等，但不能教授宗教。天主教教會堅持宗教教育，批評《補助則例》推廣無神論的教育，全部天主教學校退出補助。1879年，《補助則例》在信奉天主教的港督軒尼詩影響下被修改，容許宗教教育，但要有英語課程，紓緩了政府與教會學校的矛盾。軒尼詩爵士在1877年就任港督時，已明確表示「基於政治和商業上的需要，所有政府學校必須實施英語教育」，並開始資助三所書塾。

1862年，巴色會(Basel Mission)黎力基牧師(Rudolph Lechler)夫婦在西營盤高街97號會址，開辦巴色傳道會女義學(Basel Mission

Girls' School），以客家話授課，藉此向當地主要的客家社群傳教。1867 年，聖保羅書院因贊助者甸地洋行（Dent & Co.）倒閉而停辦，但仍維持註冊學校地位，並於 1876 年重開。聖公會傳教士白思德女士（Susan Baxter）於 1860 年來港，組織英國遠東女子教育協會（Society for the Promotion of Female Education in the Far East），以收容失學的貧困兒童為宗旨，參與開辦拔萃女書院前身的曰字樓女館。該會於 1862 年開始在香港開辦女子學校和歐亞混血兒學校，學校分布於摩羅廟台、士丹頓街、般咸道、皇后大道、德忌笠街和西營盤等地方，皆以白思德命名（Baxter Schools）。白思德在 1865 年過世，協會於 1876 年將摩羅廟台和士丹頓街的學校合併，並遷往般咸道，改稱白思德紀念學校（Baxter Memorial School），有男女生 62 人，其後又遷往上環荷李活道的聖馬太堂，改稱聖馬太小學。位於西營盤的一所於 1884 年改稱西區學校，是聖彼得小學的前身。1886 年，這兩所小學與仍在運作的三所白思德學校由教會傳道會（Church Mission Society）接辦，包括位於銅鑼灣、1919 年改稱為聖米迦勒小學的一所。

1886 年，英國海外傳道會於西營盤般咸道 69 號西尾台，開辦飛利女子學校（Fairlea Girls' School），並於 1912 年遷往光景台，以讓出校舍作為香港大學聖約翰堂宿舍。該校在 1924 年與聖士提反女子中學共用列堤頓道新校舍。光景台校舍於 1932 年由聖嘉勒女書院購入。1936 年，飛利女子學校與土瓜灣的維多利亞女校（Victoria Girls' School）合併為協恩中學，新校設於農圃道 1 號。

1874 年，高雷門主教指示意大利嘉諾撒仁愛女修會修女和法國沙爾德修女辦理女子教育。1875 年 11 月 8 日，六位基督學校修士會（或稱喇沙會，Institute of the Brothers of the Christian Schools/ De La Salle Brothers）修士奉教廷應高主教請求到港，接辦聖救世主書院和西環養正院，前者易名聖若瑟書院，有學生 75 名，翌年增至 165 人。1876 年 6 月，聖若瑟書院校

羅便臣道聖若瑟書院（圖片來源：香港大學圖書館）

舍不敷應用，遷往堅道洋房 Buxley Lodge，之後在 1881 年，跟隨威靈頓街的天主堂，遷往堅道 10 號旁邊的聖若瑟台新校舍，遷堂原因是原址所在地區已變得品流複雜，非常煩囂。

西環養正院原設於威靈頓街，為天主教安博神父 (Father Ambrose Pereira) 設立，藉感化院教導青少年謀生技能，例如木工和造鞋等，以紓緩當時青少年因失學遊蕩，甚至淪為罪犯的問題。其時學生人數只有半百，約有兩班，相當於現在的小學。港督羅便臣視察後，深受感動，隨後撥出西區地皮，興建養正院，加設印刷及包裝書籍等工藝科目，是實用中學、工業學校和職業先修學校的先驅。

1847 年，港府首次批地予華人紳商興建學校，華商按廟宇附設私塾的傳統做法，興建了文武廟，並在旁邊設立私塾中華書院。1880 年，私塾轉為文武廟義學，以文武廟收入維持，為香港首間義學。1870 年，華商成立東華醫院。1908 年，政府制定《文武廟條例》，正式把文武廟交予東華醫院管理。1920 年，港府首次資助東華醫院，重建中華書院，東華醫院亦重整中區所辦各所義學，中華書院後座四樓安置了首三所文武廟義學，校舍於戰後改為東華三院第一小學。1928 年時有 21 所文武廟義學，其中 12 所位於中西區。劉鑄伯於 1909 年創立的孔聖會在港島亦開辦多所義學，例如必列啫士街 6 號的孔聖會第一分校和 32 號的孔聖會第二分校。

港府、教會、社團和私人皆努力參與發展教育事業，港府以英文教學為主，社團和私人以中文教育為重，教會則中英並用。1887年德輔爵士就任港督，規定城區內學校接受不同國籍兒童入讀，以減少種族歧視。大部分官立和補助學校提供免費教育，而中央書院、中等教育學校和私校則收取學費。1889年，中央書院遷往荷李活道新校，易名維多利亞書院(Victoria College)，新校舍有21個課室、實驗室、活動室、兩個球場和有蓋操場，學生由510人增至796人，每個班房可容納60人上課。新址原為華人住宅，由於早期沒有為學校用地作出規劃，港府收回該處多層平台地段，修正為兩個平台，高層興建校舍，低層則設各校少有的大操場。新址正好把華洋住宅區上下分隔開來，但又交通方便。維多利亞書院於1894年易名為皇仁書院。

1880年，納史福爵士(Lord Knutsford)批評港府，謂皇家書館有專為男童開設之嫌，因教師為男

皇仁書院鴨巴甸街校舍
（圖片來源：黃棣才博士）

性，而女童多選擇有女教師的教會學校，因此他主張港府開設女校。1890年，港府租用荷李活道18號洋房，首創官立女子中央書院 (Central School for Girls)，分初級和高級部，有女生34人。1893年女校遷往中央書院舊址新校舍，改名庇理羅士女子官立學校 (Belilios Public School)，由六班制擴展至八班制，與維多利亞書院看齊。1904年，李紀堂於女校原址創立李陞格致工藝學堂，但於1906年因財困和校長離世而結束。1916年政府收回此幅用地重建為中央警署北座。同年港府增加補助金額，又規定各學校的高級部各班，華裔和非華裔學生要分開上課。

　　1894年，困擾香港十年的鼠疫首先在太平山區爆發。疫後港府將該區重建，制定建築條例，將太平山區重新規劃發展，包括劃出必列啫士街一帶為學校和教會用地，如青年會學校於1908年在該處創立，文武廟義學、孔聖會義學和其他教會學校亦集中於此，重災區建成了卜公花園，設有運動場，可供附近學校使用。

1897 年的庇理羅士女子官立學校校舍。校舍於 1893 年開幕，建築費由庇理羅士爵士
（Emmanuel Raphael Belilios）捐贈，名稱亦由官立女子中央書院（Central School
for Girls）改名庇理羅士女子官立學校（Belilios Public School），學制由初級部和高級
部擴展至三部八班制。1907 年，校方規定已婚女子不准入讀。1909 年 7 月 20 日起，學生
須穿校服上課。翌年，停止招收男生。1920 年官立女子漢文師範學堂（The Vernacular
Normal School for Women）成立，與女校分上下午上課，至 1927 年遷出為止。
（圖片來源：政府檔案處歷史檔案館）

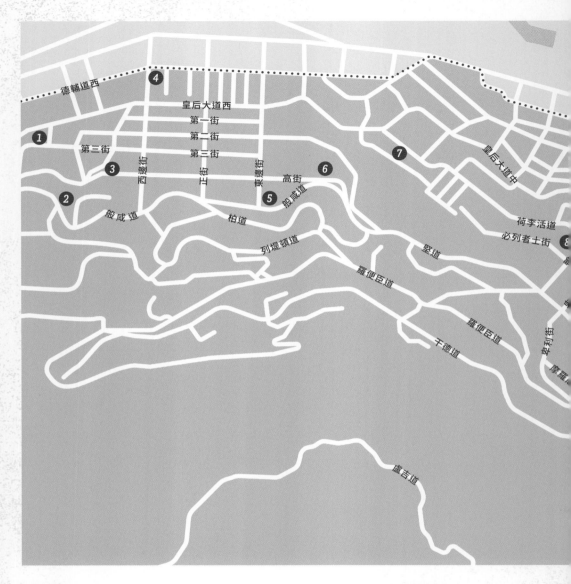

德輔道西

皇后大道西
第一街
第二街
第三街
第三街
西邊街
正街
東邊街
高街
般咸道
皇后大道中
荷李活道
必列者士街
般咸道
柏道
列堤頓道
羅便臣道
堅道
羅便臣道
干德道
盧吉道

① **西環養正院**
　 第三街179號

② **飛利女子學校**
　 西營盤西尾台

③ **西營盤官學堂**
　 高街119號

④ **西營盤聖公會小學**
　 沒有固定校舍，曾有文字提及校舍
　 位於西邊街口，聖彼得堂對面。

⑤ **日字樓孤子院**
　 般咸道9A號

⑥ **伯士大 / 巴陵女書院**
　 高街1F號

⑦ **白思德紀念學校**
　 荷李活道232-234號

⑧ **維多利亞書院**
　 鴨巴甸街35號

⑨ **意大利嬰堂學校**
　 堅道26號

1890年代海岸線

1890年代前後
中西區主要學校分布圖

德輔道中

皇后大道中

⑪

嶼嵐街

⑫ 下亞厘畢道

雪廠街

下亞厘畢道

雅賓利道

上亞厘畢道

花園道

紅棉路

花園道

堅尼地道

麥當勞道

⑩ **聖若瑟書院**
羅便臣道聖若瑟台

⑪ **官立女子中央書院**
荷李活道18號

⑫ **聖保羅書院**
下亞厘畢道1號

1902 年，港府加強中文教育。翌年華人商紳在半山般咸道開辦聖士提反書院，行寄宿制，由英國海外傳道會辦理。1906 年，英國海外傳道會於堅道 35 號開辦聖士提反女子中學，兩校皆是為華裔學童而開辦的貴族英文學校，反映當時富裕華人社群的教育需求。1907 年，港府在皇仁書院開設夜間部，設有教育學、工程學、自然科學和商科等，規定該校高年級的見習教員參加該班培訓，翌年改組為香港官立技術專科學校(Hong Kong Technical Institute)。1908 年，港府規定官校和補助學校任教初級班的中文教員，也要接受培訓，反映本地教育已邁進教育和工專師資培訓的階段。

1893 年，倫敦傳道會購入般咸道大幅地段作為會址，並興建那打素醫院、雅麗氏紀念產科醫院、何妙齡醫院和護士宿舍。1900 年，該會興建兩層石屋，以安置 1888 年在灣仔道創立的寄宿女校，名為英華高等女學堂(Training Home/Anglo-Chinese School for Girls)，1920 年改名英華女學校，1923 年重建。

補助學校於 1909 年分為三類，共有九所英文書院，位於中西區的有聖若瑟書院、意大利修道會書院、維多利亞英葡書院、必列啫士街書院、拔萃女書院、拔萃男書院，一般為七班制。中英文學校有兩所，包括育才書社和荷李活道學校。漢文學校有 47 所，包括 43 所初級學校，當中著名並位於中西區的有高街 1 號的巴陵女書院 (Berlin Foundling Home) 和般咸道 69 號的飛利女子學校 (Fairlea Girls' School)，各有七班。巴陵女書院於 1914 年擴建，其後因德國對英宣戰，被港府以德國敵產為理由沒收。般咸道的禮賢會堂則於 1910

1880 年的巴陵女書院，又稱伯士大 (Bethesda)，是德國巴陵會在港總部。該會在 1861 年創立巴陵會育嬰堂伯士大，1867 年增建禮拜堂和住室。1881 年增建首間德語教堂。1914 年擴建，其後因德國對英宣戰，被港府以德國敵產為理由沒收。1919 年用作已婚警員宿舍，1928 年用作第三代八號警署，1935 年重建成半山警署，2010 年轉作戴麟趾康復中心。（圖片來源：Basel Mission Archives，檔案編號：A-30.01.003）

年開辦禮賢會女校。

育才書社（Ellis Kadoorie School for Boys）是一所由埃利·嘉道理爵士（Sir Elly Kadoorie）與劉鑄伯籌辦的義學，旨在使貧窮華人學習西學和中文，成立於 1900 年。書社的中式祠堂式校舍位於醫院道 26 號，1915 年由港府接辦，並不斷擴充和重建。1919 年皇仁書院在書社開辦師訓班。育才書社在 1916 年為印裔兒童開辦另一所本地書館，位於掃帚埔（現為銅鑼灣掃桿埔）。

1900 年 11 月，埃利·嘉道理爵士（Sir Elly Kadoorie）與劉鑄伯籌辦義學育才書社，旨在使貧窮華人學習西學和中文。1901 年，以建於 1896 年的祠堂式建築中華會館用作育才書社校舍，有學生 113 人，校長為唯一英國教師。翌年獲港府津貼。同期開辦的育才書社還有位於香港掃帚埔、上海和廣州共四間。（圖片來源：黃棣才博士）

1900 年英華女學校第一座般咸道校舍
（圖片來源：英華女學校）

1905 年，育才書社校舍開始擴建，西翼屬愛德華時代新古典
主義風格（Edwardian Neoclassical Style），以紅磚和麻
石建成。（圖片來源：香港大學圖書館）

1913 年，育才書社中座重建完成，由港督主持開幕。校舍有
當時全港最大的千人考試大禮堂，長 108 呎，闊 59 呎。東座
建成時有 700 名學生，學校有二十多間課室、剖驗室、孔聖堂
和膳堂。1946 年用作庇理羅士女子官立學校校舍。
（圖片來源：黃棣才博士）

182   E. Kadoorie's School, Hongkong.

1911~1913

關鍵時期

1912 年香港大學的成立和 1913 年施行的《一九一三年香港教育條例》（Education Ordinance 1913），是影響香港日後教育發展之關鍵。香港大學創校的目的是「在遠東地區，建立一所大學，培養一批青年人為大英帝國利益服務」。開辦時只有醫學院和工學院，後增設文學院。香港大學的成立，使香港各校注重中等教育，提高教育水平，教學由語文轉向自然科學，大部分教會學校都增設高級部和第八班，以便學生完成學業後投考香港大學。由於大學以英語教學，因此教學更偏重於英語和改用英語作為教學媒介，學生可以投考香港大學或牛津和劍橋港區試，亦

可從事工商業的優裕職位。

香港大學的成立，促使道濟會於 1914 年將英華書院復校，校址曾設於中西區多處，包括堅道 97 號和般咸道 80 號。九龍的尖沙咀東部於 1900 年代已發展為歐洲人住宅區，港府於 1894 年開辦九龍英童學校（Kowloon British School），嘉諾撒仁愛女修會亦於 1900 年開辦聖瑪利學校。拔萃女書院則於 1913 年遷往九龍佐敦道現址新校舍，為學生提供更優良的學習環境，並開始招收華裔女童。隨着 1920 年代九龍塘花園城市的開發，拔萃男書院於 1927 年遷往何文田現址。有趣的是，拔萃男書院在遷校當年因校舍被軍部徵用，

而要借用旺角警察訓練學堂東西兩座大樓上課一年，東座至今尚存，是旺角警署的一部分，而拔萃女書院校舍於二次大戰期間曾被日軍佔用，一度改為憲兵總部。

教育條例規定，所有學校如果有學生超過十人，必須向教育署註冊，在管理方面則規定每一所學校的衛生設備、訓練和教學的最低標準等等。法例對補助學校影響不大，但對社團和私校卻影響至深，少數學校因經費短缺，未能改善簡陋的校舍和設備而關閉，但大部分學校均能改善校舍環境和設備。1913 年有 584 所學校，學生 19,968 人，其中 14 所官校和 50 所教會學校共有 6,369 名學生，皇仁書院佔了 1,000 名；其他類型學校和私塾有 520 所，學生 13,000 名，平均每校有 26 名學生。

聖士提反書院、英華書院般咸道德牧校舍和天主教聖心小堂（英皇書院現址）（圖片來源：聖士提反書院）

（五） **中英學制並行時期**

港府實施《一九一三年香港教育條例》，各學校的質素急速提升，學校數量大為增加，學生能夠按部就班，有機會接受學前教育、初等教育、中等教育和高等教育，毋須再到海外或內地深造。香港開始出現中英兩種學制並存的局面，新辦的中文中學沿用內地的六三三制，即六年小學、三年初中和三年高中，英文中學沿用英國的三部八班制。

1924 年，大部分英文書院已設有第八班至第一班，有些還設有幼童班，例如意大利修道會學校和英華女學校。部分漢文學校設有十一級，例如聖保羅女書院。這段時期，由於內地遭受軍閥和日本的侵擾，大量內地人遷往香港暫時居住。與

此同時，反對外國的情緒亦日益高漲，內地發生華人教會自立運動和收回教育權運動，以脫離與外國教會的關係，教會學校亦轉由華人自理。民國成立以後，內地中文學校採用六三三學制，此制度乃受美國教育制度的影響。早於十七世紀，德國已設有學校制度，美國殖民地時代亦設立學校制度。由於美國傳教士在內地傳教辦學是採用本國的六三三學制，民國政府遂沿用此一制度。這時期，也有留港的內地人士在香港開辦中文學校，行六三三學制，與內地銜接，甚至在內地再註冊，令學生可以升讀內地大學。另一方面，一些內地學校在香港設立小學部分校，方便學生返回內地

升學，例如廣州的真光女子中學、培英中學、培正中學、嶺南大學和培道女子中學等，前兩者的分校位於中西區。戰後新中國成立，內地所有學校由國家接辦，香港的分校遂獨立發展。

1915 年，英華女學校開辦高中，之後並開設三年制師訓班及學生女青年會，該師訓班是戰前香港唯一的非官辦師訓班。1919 年，聖若瑟書院舊生徐仁壽於荷李活道 60 號民房三樓創辦華仁書院，該民房前身是興中會黨員霍汝丁經營的萃文書坊。華仁書院是香港首間由華人開辦的英文學校，其後校址分布多處，1921 年遷往羅便臣道 2 號聖若瑟大廈。1924 年開設九龍分校，即九龍華仁書院。1932 年，兩校轉交耶穌會辦理。

1925 年，爆發省港大罷工事件。翌年，馮平山等人建議港府設立一所中文官立中學。1926 年，剛上任的金文泰爵士假醫院道育才書社，成立香港官立漢文中學，是金文泰中學的前身，不久遷入薄扶林道西營盤官學堂舊址，行中學四年制，可報考香港大學，1933

年改為三三制。1935 年，港府又創設香港仔職業學校（Aberdeen Trade School），但印刷班卻設於聖類斯工藝學院內。1937 年，港府規定官校和補助學校每週至少有一小時的體操訓練，同年舉辦首次香港中學會考。

鑑於視學報告指出漢文補助學校的教育質素十分參差，政府遂於 1921 年整頓補助計劃，將絕大部分的學校剔出，只保留少數表現良好的學校。新創立的學校除非能夠證明教育質素，否則一律不能加入補助計劃。補助計劃最後只餘下約二十所高質素的中學，至今包括英華書院、英華女學校、聖保羅書院、聖保羅男女中學、嘉諾撒聖心書院、聖若瑟書院、拔萃女書院、拔萃男書院、聖士提反女子中學、聖嘉勒女書院、協恩中學、聖馬可中學、香港華仁書院、九龍華仁書院、聖保祿學校、嘉諾撒聖方濟各書院、嘉諾撒聖瑪利書院、瑪利諾修院學校、瑪利曼中學、喇沙書院、循道中學和聖保祿中學，大部分都在中西區創立。

此外，香港曾有很多原本在內

干諾道西

德輔道西

皇后大道西

第一街

第二街

第三街

第三街

西邊街

正街

東邊街

高街

般咸道

柏道

列堤頓道

羅便臣道

堅

盧吉道

① 西環養正院
第三街179號
1927年更名為聖類斯工藝學院

② 聖嘉勒女書院
般咸道光景台
1932至1959年校舍位置，
1959年遷往現址。

③ 西營盤官學堂
般咸道63A號
1926年遷往般咸道63A號現址，
改名英皇書院。

④ 聖士提反書院
般咸道光景台
1924年遷往光景台和薄扶林道香港大學對
面，五年後遷往赤柱現址。

⑤ 英華書院
般咸道80號
1928年遷往弼街56號

⑥ 拔萃女書院
般咸道64號
1899至1913年校舍位置，後遷往九龍現址。

⑦ 聖士提反女子中學
列堤頓道2號
1918至1923年校舍位於巴丙頓道4-6號，
1923年遷往現址。

⑧ 拔萃男書院
般咸道與東邊街交界
1926年遷往九龍

⑨ 羅富國師範學院
般咸道9A號
原稱香港師資學院，1941年從醫院道
遷往般咸道並改名羅富國師範學院，
1962年遷往沙宣道。

⑩ 育才書社
醫院道
1900至1945年校舍位置。庇理羅士
女子官立學校曾在1946至1964年期間
在此校舍上課。

⑪ 英華女學校
羅便臣道76號
1900年遷往現址

⑫ 荷李活道聖公會學校
荷李活道232-234號
前身是白思德紀念學校，1876年從般咸
道遷到荷李活道，1919年改名荷李活道
聖公會學校，1964年遷往新街，改名聖
公會聖馬太小學。

⑬ 皇仁書院
鴨巴甸街及荷李活道交界
1889至1941年校舍位置

⑭ 庇理羅士女子官立學校
荷李活道109號
1903至1941年校舍位置

⑮ 真光中學
堅道75號
1939年為香港真光小學校舍，1948年擴充為
香港真光中學，1951年中學部遷往大坑道，
1975至1995年用作香港真光英文中學。

⑯ 香港華人西醫書院
荷李活道81號
1887至1910年書院位置

⑰ 嘉諾撒聖心書院
羅便臣道
1890年稱意大利修會學校。1900年
Rose Hill新校舍落成。1937年易名為嘉諾
撒學校，1960年再易名為嘉諾撒聖心書院。
1981年遷往薄扶林。

⑱ 華仁書院
羅便臣道2號
1921至1955年校舍位置

⑲ 高主教書院
羅便臣道2號
1958年成立

⑳ 聖保羅書院
下亞厘畢道1號
1851至1941年校舍位置

*1920*年代前後
中西區主要學校分布圖

皇后大道中

歌賦街

荷李活道 ⑭

必列者士街 ⑬ ⑯
鴨巴甸街

德輔道中

皇后大道中

卑利街 ⑮

奧卑利街

卑利街

馬道 摩羅廟街

堅道

擺花街 ⑳

雪廠街

下亞厘畢道

下亞厘畢道

⑰

⑱ ㉑ 上亞厘畢道

⑲

羅便臣道 雅賓利道

花園道

紅棉路

花園道

㉒

堅尼地道

麥當勞道 ㉑

㉑ 聖保羅女書院 / 聖保羅男女中學
麥當勞道33號
1915至1927年期間校舍位於堅道2號。
1927年遷往現址。

㉒ 聖若瑟書院
堅尼地道7號
1918年遷往現址。

地註冊的中文中學,有本地成立的,也有因內地戰亂遷到香港的。截至 1941 年 7 月,位於中西區的中文中學,大多分布於堅道一帶(圖表一)。她們在戰後仍然運作了一段日子,當中不少更是一些名人的母校。

圖表一
中西區內在內地註冊的香港中文中學列表
(截至 1941 年 7 月)

中文中學名稱	地址
建華中學	鐵崗 1 號
光華中學	荷李活道 1 號
彷林女子中學	普慶坊
廣州培英中學	羅便臣道 69 號
八桂禺山聯合中學	羅便臣道 83 號
梅芳男女中學	羅便臣道 84 號
港僑中學	些利街 20 號
信修女中	堅道 61 號
領島女中	堅道 73 號
廣大高級會計學校	堅道 89 號和 66 號
養中女中	堅道 38 至 42 號
中南中學	堅道卑利街 78 號
華大中學	堅道英輝台
湘父男女中學	堅道活倫台 3 號
華僑男女中學	衛城道 17 號
西南男女中學	居蘭士道和巴丙頓道
志強中學	第三街 94 號

(六) 日佔時期

香港於 1941 年 12 月 25 日至 1945 年 8 月被日軍佔領了三年零八個月，學校停課，師資流失，不少外籍老師被關進集中營或迫令離港，學校設施受到破壞或被偷走。香港大學因鄰近卑路乍炮台和松林炮台，也被炮火波及，遭嚴重破壞。香港人口銳減，全港學生人數由 111,000 減至 7,000 人。20 所學校於 1942 年 5 月被迫令復課，用以推廣日化教育，包括嘉諾撒、聖保祿、聖瑪利、華仁、聖類斯、培正、港僑、麗澤、德貞、鑰智、德明、知行、九龍塘和西南等校，學生每星期必須學習四小時日語，英語被禁用。戰前香港有 649 所學校，包括 529 所私立、91 所補助、20

所津貼和 9 所官立；1942 年 12 月時，認可設辦的中小學只餘 34 所，後來增至 59 所。1943 年 5 月，日軍將聖士提反女子學校的校舍用作東亞學院，作為培訓政府公務員和教師的場所，是日佔時期唯一的專上學院，由日籍講師教授一年制日語課程，但只維持很短時間，學生人數甚少。

在日佔時期，頗具規模的校舍多被日軍徵用，或被炮火破壞。中西區有英皇書院被日軍用作馬房。皇仁書院被佔用為騎兵總部，其後在盟軍反擊時遭炸毀。庇理羅士女子官立學校被佔用為傷兵救護站，其後毀於炮火。聖士提反女子學校被用作日軍秘密情報站和東亞學

院。英華女學校被日軍進駐，作為教授日本語的女子學校。聖若瑟書院被用作軍事臨床醫學訓練基地和監獄。聖保羅書院校舍遭戰火嚴重破壞。已遷往九龍的拔萃女書院被用作日憲兵隊總部，設備和檔案被搶劫。已遷往九龍的拔萃男書院被佔用作日軍醫院、彈藥庫和情報所。已遷往赤柱的聖士提反書院被用作戰俘營。農圃道的協恩中學被用作軍營。

戰後皇仁書院殘址（圖片來源：網上圖片）

(七)

復興時期

不少校舍在戰時遭到炮火破壞，包括原有的四所官校，除英皇書院校舍維修後復課，並借用地方供羅富國附小、伊利沙伯中學和葛量洪師範學院上課外，其他三所官校先以臨時校舍復校，繼而遷往在銅鑼灣興建的永久校舍。聖保羅書院因校舍毀壞，併入聖保羅女書院上課，成為香港首間男女中學。聖公會原本計劃將修復後的校舍用作神學院，但聖保羅校友要求原址復校。1950 年，聖公會以香港大學聖約翰堂交換鐵崗校舍，另加補償金，事件終告解決。聖保羅男女中學於 1949 年在鐵崗校舍開辦聖保羅英文下午校，1953 年改名為聖馬可中學，並遷校到筲箕灣道 460 號。

新中國成立後，很多在內地開基的學校都遷到香港來，後來更正式在香港註冊為正校，例如真光、培正、培道、華英和培英等。1879 年在廣州創校的培英中學校舍曾散布中西區多處，包括般咸道 84 號、干德道 9 號、羅便臣道 75 號、鐵崗 9 號、衛城道 13 號和巴丙頓道 3 號等。

1950 年代以後，香港人口急速增長，更爆發嬰兒潮，學校和學額供不應求。由於大量人力和資金從內地湧入，香港工業日益蓬勃。1947 年，港府公布了多項《學校應守規則》，加強對學校的管理。1950 年擬定了《十年建校計劃》，大幅增辦小學，設立上、下午班制

度，希望在十年內提供足夠的小學學位，以收容適齡兒童和希望升讀中學的學生。1951 年發表《菲沙報告》（Fisher Report），建議每區設一所官立小學，多建新式學校，小學改為六年制；鼓勵開辦私校並給予補助，又擴充工業學校以發展成人教育；擴大師範教育，成立葛量洪師範專科學校；以及聘請海外教師來港任教等。1952 年完成《賈士域報告書》（Keswick Report），檢討高等教育，同年施行《1952 年教育條例》（The Education Ordinance（No. 17 of 1952），1952）。1955 年推行《小學擴展的七年計劃》，計劃包括建立五所官立小學，大量增加小學學位 。1957 年，設有中學部和小學部的瑪利諾神父教會學校成立，是首間資助中學（Aided Secondary School）。

天主教會亦開辦教區學校，首間為 1958 年成立的高主教書院，位於中西區天主教總堂旁邊。1958 年，中學改為五年制。1963 年的《富爾敦報告書》（Fulton Report）建議成立香港中文大學 。1962 年舉行首屆升中試，只考中文、英文

1948 年，培英中學購入巴丙頓道 3 號為永久校址，1958 年完成
重建工程，校舍可容納學生 2,600 名。（圖片來源：培英中學）

和算術三科，成績優異者可免費修讀五年或三年中學，學校按成績和意願編配，不限區域，中西區傳統名校成為學生的熱門志願。1963年的《馬殊及森遜報告書》(Marsh-Sampson Report) 建議擬定資助則例，提出增設津貼學校、向非牟利私立學校買位。1965年發表《香港教育政策白皮書》(The White Paper on Education Policy, 1965)，建議推行普及小學教育、增設資助及補助學校、加強巡視及取締私立小學濫收學生。1946年時香港只有80,000名學生，到了1970年已增至720,000名學生。

　　1959年，港府為太平山區增建學校，但原有規劃上已沒有地方，遂將普慶坊近磅巷的山坡平整，作為余道生紀念小學和梁文燕紀念小學的校址。這是港府鼓勵私人捐建學校，並以捐助者名字作為校名的例子。學校亦是火柴盒式標準校舍的典範：樓高四層，有24間課室，地下為有蓋操場，可作禮堂之用。1970年代因人口老化，小學轉為中學。1988年，兩所中學遷往新市鎮沙田和屯門，原校舍用作語文教育學院，而西面山坡則於1967年建成教區總堂區學校。1994年語文教育學院與其他四所教育學院合併為香港教育學院，1997年遷往大埔，校舍又回復作小學用途，作為中西區聖安多尼學校和英皇書院同學會小學第二校，配合小學全日制發展。同樣情況亦見於不遠之處，1964年港府將育才書社旁的山坡平整，建成兩座相連校舍，作為西區育才小學和西營盤小學校舍，分上下午校上課，育才書社被拆卸作操場。由於人口老化，1977年轉為四所中學使用，分上下午上課，其後遷往新市鎮。兩處校舍用途的改變反映人口老化的歷程。隨着1970年代開始沙田等新社區發展，中學又遷往新社區，小學則返回戰前的全日制。

　　1956年聯合書院成立，並計劃與新亞書院和崇基學院爭取合併成為政府認可的大學。書院沒有接受港府批地興建校舍，改而使用中西區的校舍和舊政府物業上課，包括梁文燕官立小學和般咸道前羅富國師範學院校舍，以及前國家醫院護士宿舍東座，以減省支出。

（八）

1971 ~ 2001

普及時期

1971 年，港府實施六年免費教育，並進一步研究中學教育的未來發展。1978 年，推行九年免費教育，比 1974 年的《香港未來十年之中學教育》報告書所說的早了一年施行。港府取消升中試，改用中學學位分配辦法，學位按區編配。港府政策着重中學教育，並加強工業教育和職業教育。許多私校逐漸轉為全日制資助學校，也有很多私校因收生不足而結束。

1950 年代至 1970 年代期間，港府積極鼓勵私人辦學，中西區出現很多私校，有的使用私人大宅作為校舍，例如萊頓中學，便是租用羅便臣道 52 號二天堂創辦人的洋房。威靈頓書院是當時有名的私立學校，設有多所分校，位於中西區的包括威靈頓街正校、必列啫士街、高街和水街三所分校，學生大多來自中下階層，在港府推行九年免費教育後，因學生減少而結束。

港府推行九年免費教育初期，由於在短時間內需要大量學位，當時的官立學校和資助學校學額實在不足以應付，故透過買位制度資助私立中學，但隨着官立學校和資助學校數量的增加，以及人口老化關係，買位數量日益減少。隨着直接資助計劃的有效推行，港府遂於 2001 年底取消了買位制度。中西區的例子有堅道 97 號香港聖瑪加利女書院，該校以私校形式，於 1965 年租用物業經營，1970 年代末期接受港府買位，2000 年轉為直資學校。

由於陸續有官立學校和資助學校開辦，買位數量減少，經營困難的私校向港府表示不滿，而一直未能加入統一派位機制和資助計劃的左派愛國學校亦有要求，各校皆認為他們的學生應同樣享有免費教育的權利，教育統籌委員會因此於1988年建議推行直接資助計劃（Direct Subsidy Scheme）。港府主要按學校的學生人數給予資助，資助總額較資助中學為少，但學校可向家長收取不多於資助額三分之二的學費。計劃於1991年開始在中學推行，這樣既可以解決問題，亦可減省港府開支。中西區內由左派愛國學校轉為直資學校（Direct Subsidy Scheme Secondary School）的例子有漢華中學。漢華中學於1945年在西環太白台成立，曾設有多所分校和夜校，位址包括山道、卑路乍街、元朗和香港仔，1965年遷入青蓮台。西環設有招商局碼頭和貨倉，是左派愛國人士的聚居地之一。左派愛國學校的設立，方便左派愛國人士子弟就讀。另一左派愛國學校福建中學於1951年成立時，校舍位於皇后大道西578至582號四層舊樓內，1966年遷往北角渣華道獨立校舍，1991年成為直資學校。

2001年，港府修訂直資計劃條款，容許學校大幅增加學費，學費限制改為不多於資助額的二又三分之一倍，並推展至小學。由於九年免費教育的學校派位以地區分配學額，存在一定程度的不公平性，不利資助學校挑選新生，特別是傳統名校，學生平均質素多較以前遜色。故此有資助學校改為直資學校，以獲得在收生、行政和教學上更大的主導權，不受校網限制。首間由資助學校轉為直資學校的是聖保羅男女中學，其他仍在或曾經在中西區發展而轉為直資學校的，包括聖保羅書院、拔萃男書院、拔萃女書院和英華書院。

中西區歷史悠久的學校和辦學團體

中西區名校歷史悠久，
這一章將探索它們的創校因由，
以及其歷史角色如何滿足當時社會需要。

Chapter 2

中西區是香港教育的搖籃地，香港開埠初期，英國和香港都沒有正式的教育制度，港府只鼓勵私人和教會辦學，而教會學校則藉教學而傳道，各有自己的學制和教學內容，部分設有獨立自置校舍，其他則租用民房單位或洋房大屋辦學。隨着社會發展，港府才正式開辦公立學校，興建正規校舍，發展世俗教育。中西區內的學校和辦學團體，不少已有過百年歷史，見證整個香港教育發展歷程，更在各區開枝散葉。本章將深入介紹一些早在區內開基，至今仍在區內運作的學校和辦學團體。

官立學校的人和事

英皇書院

英皇書院前身是 1857 年創立的西角官學堂（West Point School），設有四個班別，校長為李鏡州先生（Li King-chau）。1866 年時分為本地部和客家部，各有校長管理。1872 年易名西營盤官學堂（Saiyingpun School），校長為留學美國的馮扶先生（Fung Fu），學校俗稱為馮扶學校，創辦育才書社的劉鑄伯是該校和皇仁書院的高材生。1879 年，西營盤官學堂搬往第三街 35 至 41 號新校，開辦第八至第四班，即小學五年班至初中，1891 年再遷往高街 119 號。1903 年，威廉士先生（W.M. Williams）成為該校首位外籍校長。1926 年遷往般咸道 63A 號現址，改名英皇書院，行三部八班制，即小學五年班至高中，民間以「新書院」稱之，以別於「大書院」皇仁書院。現址地段四通八達，位置適中，原為天主教聖心小堂所在，是港府於 1920 年以聖安多尼堂的所在地與教會交換而來。校舍於戰後修復和擴建，是現存最古老的官校校舍。校舍落成時已設有噴水池和泳池，也是現存最古老的校園噴水池和泳池。

1954 年，西營盤官學堂舊生梁鳳岐先生（F.K. Leung）出任校長，成為香港首位公立學校華人校長。1961 年，郭士熙（Coxhead）校長在校園種植一棵無花果樹，從此該樹

成為英皇書院的象徵，代表英皇精
神，因為無花果的花屬隱頭花序，
開花時不會被看見，借喻為做事不
作花巧炫耀，但默然結果。1966
年，預科班（即中六和中七，Form
Lower Six and Upper Six）有少量學
位，自此便開始收錄預科女生，直
至 2012 年香港高級程度會考被香
港中學文憑試取代，全港再無預科
生為止。英皇的女生們有一間專用
的房間，男生擅自出入會被扣分。

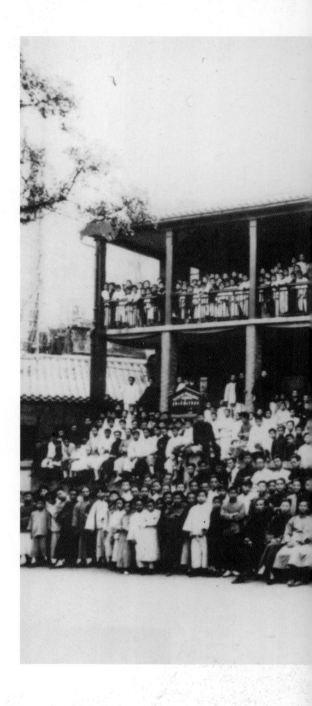

約 1900 年西營盤官學堂師生團體照
（圖片來源：香港歷史博物館）

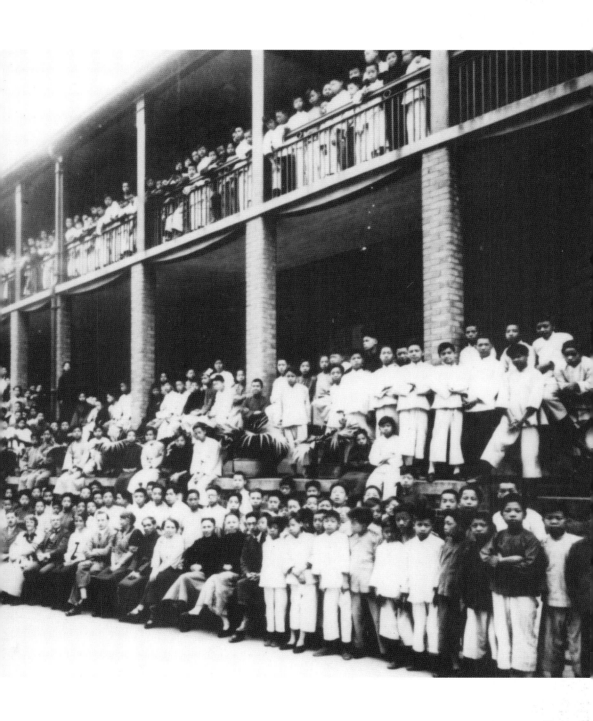

1937 年英皇書院師生團體照
（圖片來源：香港歷史博物館）

皇仁書院

皇仁書院前身是創立於 1862 年的中央書院（Central School），是香港最早期一所公立中小學。1860 年港督羅便臣爵士接納教育諮詢委員會委員理雅各的《理雅各教育革新計劃》，將中上環四所皇家書館，合併為中央書院（Central School，當時又稱大書院），以荷李活道宏藝書塾為校舍，孫中山先生是該校畢業生。1889 年，書院遷往鴨巴甸街新校舍，易名維多利亞書院（Victoria College），為當時香港最大的校舍，1894 年再改名皇仁書院（Queen's College）。二戰時校舍遭炮火摧毀，1947 年在堅尼地道 26 號復課，1950 年遷往銅鑼灣現址新校舍。

1861 年，畢業於英國鴨巴甸大學的史釗域（Frederick Stewart）以香港教育督察員身份前往香港，應徵香港中央書院掌院暨視學，獲得聘用。1879 至 1880 年間史釗域曾調任為助理輔政司，1881 年轉任政府其他崗位，於 1887 年官

1971 年 3 月 10 日立校日悼念史釗域 (Frederick Stewart) 校長
（圖片來源：皇者仁風校史館）

至輔政司。被譽為「香港公立教育之父」的史釗域在擔任校長時，主張中英雙語教育和推出補助學校計劃，仿效英國施行三部八班制，又從英國等地引入教科書，亦制定政策改善鄉村學校質素，以及要求港府興建全新校舍等。1887 年香港西醫書院成立，史釗域被推舉為掌院。1889 年，他支持即將成立的官立女子中央書院以英語授課，同年因患肺炎逝世。皇仁書院於每年 3 月 10 日，即立校日，均有師生到跑馬地香港墳場史釗域墓前祭拜的傳統。

何東於 1873 年入讀皇仁書院，1878 年以優異成績畢業，最終成為香港首富和大慈善家，傳奇一生，見證皇仁書院三代校舍興替。何東是歐亞混血兒，歐裔父親到港經營公司，與生母施氏同居，1873 年轉往英國發展。施氏注重子女教育，兒子何東、何福和何甘棠等都入讀皇仁書院，後來成為富豪，可見教育確可改變命運。何東在中央書院求學，據他本人回憶，夏季的上課時間為早上六時正，冬季則為早上六時半，放學時間則為下午四時正，課程十分緊湊，老師及校長對學生的要求也十分嚴格。由於他天資聰穎，勤奮好學，一直深得老師器重，因表現突出，曾在頒獎禮中獲港督堅尼地授予筆盒獎勵，更被老師挑選為班長。他回憶說史釗域校長對學生愛護有加，自己深受啟發，獲益良多。何東亦很節儉，每天都把餘下的飯錢儲起來。有一次他過海探親，施氏給他乘搭渡輪的費用，他寧願坐較便宜但不太舒適的「嘩啦嘩啦」[1]，把錢省下來備用。16 歲的何東畢業後參加中國海關內勤人員入職考試，是應考 12 人中最年輕的一位。試前有人嘲笑他機會渺茫，結果只有何東一人受聘，開展他的事業。

1　Walla-Walla 的中文音譯，是香港一種以引擎發動的電船，曾成為橫渡維多利亞港來往香港島與九龍半島的主要海上交通，亦被稱為電船仔或水上的士。

庇理羅士女子中學

庇理羅士女子中學原稱官立女子中央書院（Central School for Girls），1890 年創立，是香港首間官立女子學校，亦是首間以捐助者名字命名的學校。創立時以荷李活道 18 號與奧卑利街交界的洋房為校址，聘有外籍教師。1893 年女校遷往由富商庇理羅士（E.R. Belilios）捐建的三層高新校舍，改名庇理羅士女子官立學校（Belilios Public School），位置為中央書院舊址。戰時校舍遭炮火摧毀，1945 年時借用般咸道羅富國師範學院復課，1946 至 1964 年間以醫院道育才書社校舍上課，1964 年與筲箕灣官立中學共用校舍，翌年遷入北角現址。

猶太人庇理羅士出生於印度加

荷李活道庇理羅士女子官立學校師生合照
（圖片來源：庇理羅士舊生基金會）

1946 至 1964 年間，庇理羅士女子官立學校以醫院道育才書社校舍上課，
背景醫院道的鐵欄至今仍在。（圖片來源：庇理羅士舊生基金會）

爾各答，1862 年來港經營鴉片貿易，曾擔任上海滙豐銀行主席、香港上海大酒店董事和定例局議員等，在港擁有多項物業，包括堅尼地台的皇座樓（Kingsclere）、炮台里的莊士敦樓（Johnston House）和比更士菲廊（Beaconsfield Arcade）、鄰近山頂港督別墅的 Eyrie 等。他育有四名子女，孻子於 1894 年大瘟疫時期染病去世。1900 年，庇理羅士結束香港與印度的貿易業務，移居英國，1905 年在倫敦去世。庇理羅士是慈善家，曾資助成立香港華人西醫書院（Hong Kong College of Medicine for Chinese），捐建庇理羅士女子官立學校和銅鑼灣的庇理羅士養正院（The Belilios Reformatory）等。

中西區非官立學校與辦學團體

▎聖保羅書院

聖保羅書院是香港最早一所本地創立的西式中小學校，由英國海外傳道會（Church Mission Society）史丹頓牧師（Vincent Stanton）於1849年成立，原設於鐵崗會督府南翼，1851年定名聖保羅書院，為華裔男童提供中英文法教育。史丹頓是劍橋大學學生，1843年以傳教士身份，偕同新婚妻子第二次來華，擔任香港首位殖民地牧師，將在英國募集的資金興建了聖約翰教堂和聖保羅書院校舍（現為香港第

聖保羅書院校舍（圖片來源：聖保羅書院）

1924 年聖保羅書院團體照（圖片來源：聖保羅書院）

三和第四最古老西式建築）。1850 年，書院由到步的首任聖公會會督施美夫（George Smith）接任校長，往後四任校長亦由會督擔任。1909 年，聖士提反書院教師史超域牧師（Arthur Stewart）出任校長。1911 年聖保羅堂落成，底層用作課室。1919 年購入日本人學校舊址，建成馬丁樓宿舍。1933 年由史超域之弟史伊尹（Evan Stewart）接任校長。他們的父母出自名門，在內地傳教時不幸蒙難，他們四兄妹被送回英國生活和接受教育，其家族則長期捐助聖保羅書院。二戰時聖保羅書院校舍遭炮火破壞，1945 年併入聖保羅女書院上課。聖公會原打算將修復後的校舍用作神學院，但聖保羅校友要求原址復校。1950 年聖公會以屬下般咸道的香港大學聖約翰堂交換鐵崗校舍。

英國海外傳道會又稱西差會或安立甘會，1799 年在英國成立，初稱 Society for Missions to Africa and the East，旨在向海外傳道，1812 年改稱 Church Missionary Society，簡稱 CMS。

愁九年影撮體全生員班

Teachers & Students, Commerci

1918/19 學年聖保羅書院校長和教職員合照
（圖片來源：聖保羅書院）

香港聖保羅書院 商 ...

...lass, St. Paul's College, HongKong 1918-1...

聖保羅書院般咸道校舍（圖片來源：聖保羅書院）

1868 年的上亞厘畢道日本人學校，1919 年重建為聖保羅書院馬丁樓。
（圖片來源：政府檔案處歷史檔案館）

聖保羅女書院／
聖保羅男女中學

1915 年，史超域之妹、聖士提反女子中學教師嘉芙蓮（Kathleen Stewart）與聖公會聖保羅堂的創辦人建立聖保羅女書院（St. Paul's Girls' College），對象為華裔女童，校址位於堅道 2 號。翌年牛津大學教育碩士胡素貞出任校長，並籌建麥當勞道新校舍。該校在 1918 年制定校服，以消除校內階級觀念，成為香港首間穿校服和戴校徽的學校。1927 年麥當奴道現址校舍啟用，主樓設有香港首個校園室內泳池。1945 年與聖保羅書院暫時合併，更名為聖保羅男女中學，是香港首間男女同校的中學。

胡素貞畢業於飛利女子學校，祖父是巴陵會胡變庵牧師，父親胡爾楷醫生是孫中山同窗，皆畢業於中央書院和香港華人西醫書院，

1890 年代因救治鼠疫患者染病身故，擔任護士的母親王麗珊獨力養育一子四女，只能供子胡惠德赴英習醫。1912 年，其母為富戶接生獲厚酬回報，胡素貞因而能赴英國留學。1933 年又在美國取得博士榮銜，成為香港首位女博士，亦是香港首位獲授勳的華人女性，也是學校在任最久的校長，獨身的她曾捐出千萬元土地作慈善用途。

1952 年接任校長的羅怡基（Bobbie M. Kotewall）是羅旭龢爵士（Sir Robert Hormus Kotewall）的女兒，亦是獨身。羅旭龢是巴斯華人混血兒，出身不算顯赫，畢業於拔萃男書院和皇仁書院，因教育改變命運，成為華人領袖。羅旭龢當年協助胡素貞向政府購入現址校舍土地，並出席支持學校大大小小的活動，其妹 Esther Kotewall 則在胡素貞赴美籌款的一年間，暫代校務。

聖保羅女書院畢業班在堅道 2 號校舍合照
（圖片來源：香港歷史博物館）

拔萃女書院

　　拔萃女書院是現存最早的聖公會女子學校。1860 年，施美夫會督夫人（Lydia Smith）與英國遠東女子教育協會（Society for the Promotion of Female Education in the Far East）白思德女士（Susan Baxter）於般咸道與東邊街交界建立曰字樓女館（Diocesan Native Female Training School），大致被認為當時校舍呈曰字形而名。創校原意為培訓華裔女童，希望將來與聖保羅書院畢業生組織基督教家庭傳教。根據該校文獻紀錄，白思德為首位校長。1866 年曰字樓女館改名為 Diocesan Female School，1869 年改為曰字樓孤子院（Diocesan Home and Orphanage），學童不論國籍性別，多為外籍兒童和混血兒，均為寄宿生。1891 年校舍進行擴建，改為拔萃書室，並變為男校；女生則轉往飛利女子學校（Fairlea Girls' School）就讀。1899 年，女校得飛利女子學校幫助，遷往男校對上的玫瑰村（Rose Villa），般咸道 64 號白思德紀念學校舊址，改名 Diocesan Girls' School and Orphanage。1913 年遷往佐敦道現址，改名拔萃女書院，開始有華人入讀。

　　何東長女何錦姿曾就讀般咸道的拔萃女書院，而四女何綺華和五女何艾齡亦於 1914 年入讀已遷往九龍佐敦道現址的拔萃女書院。何東次女何慧姿隨後更獲得取錄成為寄宿生。早年的拔萃女書院低年級可以取錄男生，由於當時太平山區發生鼠疫，何東一家已從半山紅屋避往山頂居住，為免年幼的三子何世禮受到感染，因此也讓他跟從姐姐到拔萃女書院上課，就讀第八班，成為「女校男生」。1916 年，何世禮被轉送到父親的母校皇仁書院，入讀第六班，與兄長何世儉、堂兄何世昌、何世傑和何世華等人一起求學。何艾齡在她的書裏描述當時每天近乎遠征的上學情況：她們從山頂家中坐人力車到纜車總站，轉乘纜車到中環花園道總站，然後步行或坐轎到雪廠街的天星碼頭，接着乘坐天星小輪過海，再由她們的叔叔安排汽車接送她們準時到達學校。何艾齡其後於 1921 年考入香港大學英文系，當時香港大學首次正

式取錄女學生。她於 1925 年畢業，成為港大首位女畢業生。1936 年，她獲得倫敦大學哲學博士，曾任教育署督學，創辦何東女子職業學校（今何東中學）和孔教大成中學。1927 年，何綺華成為首位香港大學醫學院女畢業生。何世禮在皇仁書院畢業後，五年間先後到英國和法國三所軍事學院接受軍事訓練，並成功畢業。1930 年他回國從軍，1959 年晉升為陸軍二級上將。

拔萃男書院

拔萃男書院的歷史可追溯至1869年收容男女院童的曰字樓孤子院。1877年，中央書院助理校長俾士（George Piercy）出任校長，在任長達40年。1883年11月，17歲的孫中山以「孫帝象」之名入讀，因母親患病而長期缺課，翌年轉讀中央書院。1891年孤子院改為拔萃書室（Diocesan School and Orphanage），拔萃一名大致

香港大學首位女畢業生何艾齡（圖片來源：香港大學檔案館）

被認為是校長俾士之音譯。1902 年改稱拔萃男書室（Diocesan Boys' School and Orphanage），以別於 Diocesan School For Girls。1912 年增建北翼實驗室樓。1926 年遷往九龍，改名拔萃男書院（Diocesan Boys' School），英文名字顯示已結束了孤子院部分。

1910 年代西營盤照片，展示社區規劃和學校的分布情況。海旁是商棧、貨倉和水手館；中部是民居，東邊是醫院、公園和學校；半山是洋房、教堂和學校。1. 西環養正院，2. 光景台（聖嘉勒女書院），3. 西營盤官學堂，4. 聖心堂（英皇書院），5. 般咸道 84 號（培英中學），6. 水手館／些那堪，7. 聖士提反書院，8. 七號警署，9. 般咸道 80-82 號（英華書院），10. 巴丙頓道 3 號（培英中學），11. 巴色差會會址，12. 聖彼得堂，13. 巴丙頓道 4 至 6 號（聖士提反女子中學），14. 正街街市，15. 般咸道 64 號（白思德紀念學校／拔萃女書院），16. 西人精神病院，17. 華人精神病院，18. 拔萃男書院，19. 國家醫院醫生宿舍，20. 國家醫院護士宿舍，21. 國家醫院，22. 國家醫院院長宿舍（香港師資學院），23. 伯士大／巴陵女書院（圖片來源：Gwulo 網站）

▎聖公會小學校

聖公會小學校是戰前由聖公會直接管轄多所小學的統稱，當時由一位校長統理。1860 年白思德女士（Susan Baxter）到港成立英國遠東女子教育協會，並擔任曰字樓女館校長。1862 年，協會派出助手開辦多所以白思德為名稱的學校（Baxter Vernacular Schools），以民宅為校舍，收容失學貧苦兒童。摩羅廟街一所為歐裔軍人的子女和歐裔孤兒而設，士丹頓街一所為華人女童而設，般咸道 64 號寓所一所為女童寄宿及男童走讀形式的學校，還有另一所位於油麻地。1865 年，36 歲獨身的白思德染病離世，她的教育事業由莊思端女士（Margaret Johnstone）等傳道人接辦，往後 20 年其家族仍然捐助學校。1876 年，白思德學校的傳道人將摩羅廟街和士丹頓街的學校併入般咸道一所白思德學校，改稱白思德紀念學校（Baxter Memorial School），其後遷往荷李活道聖馬太堂，改稱聖馬太小學，是第一所聖公會小學。另一所位於西營盤的白思德學校，創立於 1862 年，1884 年時改稱西區學校，1954 年又改稱為聖公會聖彼得學校。1885 年，女子教育協會（Female Education Society）成立，翌年將白思德創辦的學校改名為 FES 學校。1899 年，全部八所白思德學校由英國海外傳道會接辦，包括赤柱、筲箕灣和土瓜灣三所，稱為 CMS Day Schools。戰前還有十一所白思德學校或聖公會學校，分別位於赤柱（1881-2001）、土瓜灣（1887，今聖提摩太小學）、禮頓道（1919，今聖米迦勒小學）、深水埗（1924，今聖多馬小學），以及 1930 至 1931 年間設於筲箕灣（1930-1948）、西灣河、鰂魚涌、北京道、油麻地（今諸聖小學）、侯王道和紅磡的聖公會小學，戰後則有八所小學復校。

▍飛利女子學校

　　飛利女子學校由英國海外傳道會莊思端女士於 1886 年成立，位於西營盤西尾台，校舍原是庇理羅士的物業。Fairlea 源自莊思端女士出生地澳洲的女孩名字，以中文教授華裔基督徒的女兒，分走讀和寄宿制。莊思端於 1860 年代隨喪妻的軍官父親到港，就讀白思德學校。1874 年再度到港，輔助曰字樓孤子院院長岳士列女士（Mary Ox-lad）打理白思德學校。1877 年岳士列往日本，雅瑟（William Arthur）接手曰字樓孤子院，莊思端接手白思德學校，並開辦為華人女童寄宿學校，其後遷往西尾台。1912 年，飛利女子學校因校舍讓作香港大學聖約翰宿舍而遷往光景台，1924 年與聖士提反女子中學共用列堤頓道校舍，並每年籌款興建獨立校舍。1930 年開辦初中，1934 年增辦高中，1936 年金禧紀念時與九龍的維多利亞女校合併為協恩中學，名

1926 年聖士提反女子中學和飛利女子學校的教員
（圖片來源：聖士提反女子中學）

約 1880 至 1890 年間的西環飛利樓
（圖片來源：香港歷史博物館）

字取「兩校協作以見證神恩」的意
思。維多利亞女校的農務部與九龍
寨城的天國男童院合併為大埔農化
孤兒院，院舍位於新界大埔滘大埔
道十三咪半鹿茵山莊現址，1954 年
更名「聖基道化院」，拔萃男書院
校友胡惠德醫生曾主理院務多年。

　　飛利女子學校有不少在宗教、
教育和醫療方面有傑出成就的校
友，包括霍靜山夫人吳雪容、胡
爾佳夫人王麗珊、莫壽增夫人王
忠信、李鼎新夫人吳哈拿、聖保羅
女書院兩位校長胡素貞和羅旭龢
妹妹 Esther Kotewall 等，她們更
於 1920 年成立了香港中華基督教
女青年會，是香港提倡男女平等的
先鋒人物。女青年會主要由英華女
學校、聖士提反女子學校、聖保羅
女書院和維多利亞女校的女青年組
成，這四校皆以華人女學生為主，
是香港華人社會女權運動的先鋒。

聖士提反女子中學與飛利女子學校兩校學生於郭
少流禮堂集會（圖片來源：聖士提反女子中學）

年香港基督教女青年會籌備委員會
來源：香港基督教女青年會）

聖士提反書院

聖士提反書院於 1903 年在般咸道和西邊街交界創立，是專為華人而設的英式貴族男校，以英語授課。1901 年，何啟、韋寶珊、周少岐、曹善允等八位華裔紳商致函港督申辦書院。開校時有寄宿生六人及走讀生一人，不久便吸引東南亞華人入讀。1908 年聖士提反書院贊助人募集百萬鉅款，支持港府創辦香港大學，書院畢業生也不用遠赴海外升學。聖士提反堂亦承辦聖約翰堂宿舍，宿舍與 1910 年擴建的書院南座建築風格很相似，似乎節省了設計費用，而書院校長更兼任舍監。1912 年，香港大學開校，有

學生 71 人，三分一是聖士提反書院畢業生。1914 年，聖保羅書院校長史超域兼任校長一年。1922 年，因校舍不敷應用而計劃遷校。1924 年出售校舍以籌集資金，並以光景台和薄扶林道香港大學對面樓房作為校舍，五年後遷往赤柱現址。

著名慈善家鄧肇堅先後入讀皇仁書院和聖士提反書院，1919 年 18 歲時便離校協助父親鄧志昂打理其銀號業務，同年成為香港中華總商會會董。23 歲時他成為東華醫院總理，27 歲時成為最年輕的東華醫院主席，31 歲出任保良局主席，歷年來捐款無數，社會上以鄧肇堅命名的物業和機構超過 40 項。

1908 年聖士提反書院師生合照（圖片來源：聖士提反書院）

1912 年聖士提反書院老師與宿生合照（圖片來源：聖士提反書院）

1923 年聖士提反書院師生在香港大學合照（圖片來源：聖士提反書院）

聖士提反女子學校／
聖士提反女子中學

　　1906年，在何啟及曹善允的贊助下，英國海外傳道會於堅道35號創立小規模的聖士提反女子學校，主要為華人而設，亦收外籍學生，以英語授課，嘉頓女士 (Winifred Carden) 任校長，是第一所華人基督教女子寄宿學校。兩年後遷往堅道61至71號。1918年，校舍遭華南地震破壞，遷往巴丙頓道4至6號。翌年港府將城西公園部分地方撥作校址。1923年，主樓的中段和西翼完成，六年後增建東翼。自港大於1921年首次接受女生，兩年後便有四名聖士提反女子學校畢業生被大學錄取，校舍亦兼作香港大學首間女生宿舍。1936年，白思德家族的瑪麗白思德女士 (Mary Baxter) 擔任舍監。日佔時期，由於校舍被佔用作培訓中心，保存非常完好。

　　校友曹秀群博士是香港養和醫院院長李樹培之妻，立法局第一位女議員，1969年與婦女團體成功爭取廢除納妾制度。在她的中學時代，發起穿着校服行動，學校採納她的設計，成為第一所以藍色長衫作為校服的學校。

1922 年聖士提反女子學校師生在巴丙頓道
校舍合照（圖片來源：聖士提反女子中學）

1910 年聖士提反女子學校師生在堅道校舍合照
（圖片來源：聖士提反女子中學）

約 1923 至 1924 年位於半山區列堤頓道的
聖士提反女子學校師生合影
（圖片來源：香港歷史博物館）

英華書院

公理宗倫敦傳道會（London Missionary Society）馬禮遜牧師（Robert Morrison）於 1818 年在南洋馬六甲創辦英華書院，1843 年理雅各牧師（James Legge）把學校遷往香港士丹頓街和鴨巴甸街的倫敦傳道會大樓內，是學校、宿舍和印刷廠所在，原意是培育華人傳教青年。英華書院於 1858 年停辦，能成為牧師者只有何福堂一人，其子何啟為華人領袖，理雅各則被委任籌辦中央書院。1911 年香港大學成立，促使道濟會於 1914 年將英華書院復校，校址曾先後設於中西區多處，包括堅道 97 號位置和般咸道 80 至 82 號，1928 年遷往九龍發展。

倫敦傳道會是英國非國教派公理宗於 1795 年在英國成立，於 1807 年派遣蘇格蘭傳教士馬禮遜到廣州傳教，是最早來華傳教的差會。戰後倫敦傳道會淡出香港，由中華基督教會接手在港產業，包括英華書院，屬於該會的中學有 25 所。

英華書院般咸道 80 至 82 號校址（圖片來源：英華書院）

1926 年英華書院童軍團在般咸道校舍合照
（圖片來源：英華書院）

英華女學校

1846 年，倫敦傳道會理雅各夫人 (Mary Morison) 在灣仔開辦免費女子私塾。1888 年由傳教士牒喜蓮 (Helen Davies) 接辦，並於灣仔道設立寄宿校舍。1900 年，學校遷往倫敦傳道會般咸道新總部範圍內，定名為英華高等女學堂 (Training Home / Anglo-Chinese School for Girls)，以中文教學。其後區內華人日漸富裕，遂於 1907 年開始徵收學費。1911 年開辦全港首間華人幼稚園。1917 年開設師訓班。1923 年中學部以英文授課。

校友何中中在美國哥倫比亞大學教育學院畢業後，在另一母校廣州真光任教，1937 年隨校遷港，戰後擔任香港真光中學首任校長，使天藍色長衫和短髮成為當時真光女生的標記。

英華女學校早期課堂一瞥（圖片來源：英華女學校）

1903 年英華女學校創校校長牒喜蓮女士與早期學生團體照
（圖片來源：英華女學校）

香港真光中學

真光是華南第一所女子學校，1872 年由美北長老會傳教士那夏理女士 (Harriet Noyes) 於廣州創立。1935 年，何蔭棠博士於香港堅道 26 號開辦真光小學，以便學生日後往內地升讀中學部。1939 年真光小學遷往堅道 75 號，1947 年堅道校舍增辦香港真光中學，1957 年校舍重建。廣州正校於 1949 年遷往九龍窩打老道 115 號，改稱九龍真光中學，1958 年遷往真光里。1951 年香港真光中學遷往大坑道新校舍，堅道校舍改為小學。1972 年，真光一百周年紀念，於窩打老道開辦真光女書院。1975 年，堅道校舍開辦香港真光英文中學，1995 年遷往鴨脷洲，1999 年改名為香港真光書院。

美國長老會於 1789 年在美國成立，1831 年成立差會，1844 年開始在內地傳教。1861 年，美國長老會差會分裂為美北長老會差會和美南長老會差會，1959 年再度合併。

伯士大／巴陵女書院

伯士大 (Bethesda) 是巴陵傳道會 (Berlin Missionary Society) 的傳道中心和嬰堂，於 1861 年開幕。早在 1851 年，德國巴陵會首次派牧師來華，借用前馬禮遜學堂成立伯士大嬰堂 (Bethesda Foundling Home，Bethesda 為恩典屋的意思)。1859 年馬禮遜學堂售出，翌年港府撥出高街地段予巴陵會作為嬰堂和醫院，接收灣仔舊堂嬰孩，教以識字和謀生技能。1874 年，禮賢會 (巴冕會) 王煜初接任教育嬰孩事務，1891 年由禮賢會牧師主理院務，1910 年改名巴陵女書院。1919 年因第一次世界大戰，港府下令敵對國的德人離港，書院結束，由禮賢會延續傳教，並於般咸道禮賢會堂開辦小學。

王煜初是信義宗禮賢會牧師王元深的長子，受教於德籍牧師葉納青 (Ferdinand Genahr)，1881 年成為牧師，1884 年兼任道濟會堂牧師。孫中山先生在香港求學時，於主日到道濟會堂聽王煜初講道。1890 年，王煜初為瞽女作訴苦文

予德國教會，獲德國信徒捐款於土瓜灣建立心光院。王煜初有六名兒子，均為港中名士，一門四博士。六子王寵益是香港大學病理學系首位教授，也是香港大學首位華人教授，專攻細菌學，畢業於香港華人西醫書院，於英國愛丁堡大學留學。

巴陵傳道會創立於 1824 年，與 1815 年的巴色傳道會（Basel Mission）和 1829 年的巴冕會，基於語言和師承的共同根源，合稱為三巴會，人事互動。1847 年巴色會和巴冕會來華傳教，分別以客家人和本地人為對象。巴色會以高街救恩堂位置為會址，現稱崇真會，亦辦學，當中有六所中學，禮賢會開辦的中學則有三所。

1861 年創立的巴陵會育嬰堂伯士大，嬰堂兒童與傳道人和工作人員的合照。
（圖片來源：Basel Mission Archives，檔案編號：QA-30.113.0055）

1861 年創立的巴陵會育嬰堂伯士大。嬰堂經費由香港的外國人和德國的慈善人士資助，20 年間收容了三百多名主要來自內地的孤兒，學習宗教、數學、地理、歷史、歌唱和家政。
（圖片來源：Basel Mission Archives，檔案編號：A-30.09.008）

1861 年創立的巴陵會育嬰堂伯士大，嬰堂兒童與傳道人和工作人員的合照。
（圖片來源：Basel Mission Archives，檔案編號：QA-30.113.0016）

巴色差會在高街的會址，設有教堂和義學。
（圖片來源：Basel Mission Archives，檔案編號：A-30.01.003）

巴色差會轄下香港學校的學生和老師
（圖片來源：Basel Mission Archives，檔案編號：A-30.01.016）

聖若瑟書院

1864 年，米蘭傳教會高雷門神父（Timoleone Raimondi）把 1850 年於太平山區開辦的中國學校，和 1860 年在士丹頓街開辦的歐童學校合併，改在威靈頓街教堂旁的傳教所內，開辦偏重商科的聖救世主書院（St. Saviour's College）。1875 年，六位基督學校修士會（喇沙會）修士奉教廷應高主教請求到港，接辦聖救世主書院，易名聖若瑟書院。1876 年，聖若瑟書院遷往堅道 99 號洋房 Buxley Lodge。1882 年遷往羅便臣道聖若瑟台新校舍，毗鄰天主教聖母無原罪座堂。1918 年校舍因華南地震損毀，遷往堅尼地道 7 號的舊德國會所，1920 年和 1925 年建成北座和西座校舍。聖若瑟書院的修士其後於 1932 年在九龍創立喇沙書院。

諾貝爾物理學獎得主、前香港中文大學校長、「光纖通訊之父」高錕是聖若瑟書院校友。1949 年他隨家人從上海移居香港，入讀聖若瑟書院的中三，1953 年預科畢業後

1903 年思韋達修士（Sylvester）和羅倫斯修士（Lawrence）與聖若瑟書院的學生合照（圖片來源：聖若瑟書院）

獲港大錄取，但選往倫敦進修電子工程。高錕回憶當年老師為讓學生體會力的原理，指導同學用力將他推到牆角，令他茅塞頓開，而這教學法亦影響了他日後的教育理念。

喇沙會於 1680 年在法國創立，是首個沒有神父的天主教組織，成員都是修士，多任職教師，較少管理宗教事務。修會在 1875 年來港，首批傳教士包括來自馬賽、巴黎和倫敦的修士。香港喇沙會屬下有多所學校，中學有五所。

1850 年，天主教教宗批准於米蘭建立「郎巴地外方傳教修院」，又稱米蘭傳教會，訓練教區神父或教友向外教人傳教。1874 年，時任教宗批准於羅馬設立「羅馬宗座外方傳教修院」。1926 年，時任教宗把兩院合併為「宗座外方傳教會」。1841 年，香港成為宗座監牧區，由巴黎外方傳教會代管。1858 年米蘭傳教會成員接管監牧區，1874 年香港晉升為宗座代牧區，1946 年再晉升為天主教教區。1969 年以前，香港教區主教都是由宗座外方傳教會成員擔任。

1928 年聖若瑟書院宿生合照（圖片來源：聖若瑟書院）

嘉諾撒聖心書院

嘉諾撒聖心書院創立於1860年，與拔萃女書院同是現存第二最早於本地創立的中學。1860年4月12日，六位意大利嘉諾撒仁愛女修會(Canossian Daughters of Charity)修女隨米蘭傳教會來港，是首次來華傳教，獲葡籍會友里安納度‧卡斯特羅(Leonardo D´Almada e Castro)捐出堅道住宅為會址，並大力贊助教會，包括捐贈及廉價轉讓堅道多塊地皮予天主教會。修會於當年5月便開辦了英文女校、葡文女校和中文學校，統稱意大利嬰堂學校(Italian Convent School)。翌年堅道36號修會新會舍落成，1890年改稱意大利修會學校(Italian Convent School)。1900年 Rose Hill 新校舍落成。1937年易名為嘉諾撒學校，1960年再易名為嘉諾撒聖心書院。1981年遷往薄扶林現址，原址作地產發展。北部會舍於1976年拆卸，重建為嘉諾撒聖心商科書院校舍和新會院，1907年建成的嘉諾撒仁愛女修會教堂則保存，堅道會址曾同時開辦七所學校。

早於1860年4月29日，港督寶靈的女兒雅雷詩(Emily Bowring)加入成為修女。當時英國發生牛津運動，不少基督教新教徒都轉信天主教，包括雅雷詩的哥哥，寶靈把女兒帶到香港，以免女兒仿效，結果在任期屆滿離港時，雅雷詩故意躲避，留在香港。她通曉意大利文和葡萄牙文，是意大利嬰堂學校的首位校長，在任至1870年時，因照顧病患者而染病，以37歲之齡魂歸天國。

嘉諾撒仁愛女修會源於意大利，是瑪大肋納嘉諾撒(Magdalene of Canossa)於1808年創辦的一個天主教女修會。修會在港開辦多所學校，中學有六所。

當年嘉諾撒學生上課情況
（圖片來源：網上圖片）

當年的嘉諾撒學生
（圖片來源：網上圖片）

1930 年代的華仁書院和聖母無原罪座堂。（圖片來源：網上圖片）

香港華仁書院

1919 年，聖若瑟書院畢業生徐仁壽於荷李活道 60 號創辦華仁書院，校址曾分布多處，包括卑利街 54A 號和摩羅廟街 33 號。1921 年遷往羅便臣道 2 號聖若瑟大廈，1922 年成為香港首間私人非團體開辦的津貼學校，1932 年以羅便臣道 8 號前聖若瑟書院南座校舍擴充。1924 年開設九龍分校，即九龍華仁書院，並使用香港正校校舍上實驗課。1926 年兩校約有 1,200 名學生，為全港之冠。1932 年，兩校轉交愛爾蘭的耶穌會 (Society of Jesus) 修士辦理。1955 年遷往灣仔新校舍。

耶穌會由依納爵‧羅耀拉 (Ignatius of Loyola) 等人於 1534 年在巴黎成立。耶穌會最大的特色是辦學，他們在歐洲開辦了許多所大學和高中，過去內地三所天主教大學中有兩所是由耶穌會開辦。1552 年，耶穌會創始人之一的聖方濟‧沙勿略 (San Francisco Xavier) 往內地傳教，但在途中的廣東上川島病逝。1583 年，利瑪竇神父 (Matteo Ricci) 正式登陸廣東傳教。1929 年，耶穌會打算在香港開辦大學，結果改為開辦香港大學利瑪竇宿舍並作為香港總部。1934 年主理剛成立的的華南總修院，至 1964 年停辦為止。

學預科班全體員生攝影

香港華仁書院九元年

1929 年香港華仁書院的預科班師生團體照
（圖片來源：香港歷史博物館）

聖嘉勒女書院

1922年，天神之后傳教女修會（Missionary Sisters of Our Lady of the Angels）在加拿大成立。1926年，創辦人之一的華裔修女瑪利亞嘉俾額爾（Mary Gabriel）與三名修女到港傳教，翌年在彌敦道開辦光明英文女中學（St. Clare's English School）。1932年遷入光景台飛利女子學校舊址前，曾以太平道5號、亞皆老街3號和山市街9號為校址，按照恩理覺主教（Enrico Valtorta）的建議，在華人社區辦學。1947年，校長 St. Raphael 修女制定了全港最長校歌。1959年，中學部遷往摩星嶺道現址，並以主保聖人聖嘉勒命名為聖嘉勒女書院，班別編排均用一個聖名或天使的名字。

聖類斯中學

聖類斯中學的前身是西環養正院（West Point Reformatory），是香港最早的工藝學校，創於1864年。與其謂感化院，實質是工藝學校，校方從未使用任何強制和約束行動，以慈愛見稱。1875至1893年間，喇沙會修士曾接管感化院。1921至1926年間，工藝院又交由瑪利諾神父（Fr. Maryknoll）管理。1927年鮑思高慈幼會（Salesian Fathers）應恩理覺主教之請抵港接辦，更名為聖類斯工藝學院（St. Louis' Industrial Institute）。1936年改稱聖類斯中學。1982年，田惠民神父（Fr. Patrick Deane）擔任校長，提倡獨立自由，容許學生留長頭髮和穿運動鞋上課。

聖類斯中學的著名教師首選鮑嘉天神父（Anthony Bogadek），他任教生物科超過40年，是兩棲類和爬蟲類動物學的專家，香港獨有品種鮑氏雙足蜥（Dibamus Bogadeki）便是以他的名字命名。

1922 年聖類斯工藝學院的男學生與瑪利諾神父合照
（圖片來源：Maryknoll Mission Archives）

1925 年瑪利諾修士於聖類斯工藝學院
（圖片來源：Maryknoll Mission Archives）

　　慈幼會由聖若望‧鮑思高
(John Bosco) 於 1859 年在意大利
都靈創立,早年辦學以教授工藝技
能為主,其後又於 1872 年成立母
佑會。1906 年,慈幼會應當時天主
教澳門教區主教邀請,派遣神父到
澳門傳教辦學,首間為聖母無原罪
孤兒院,為澳門慈幼學校前身。慈
幼會在港共開辦 12 所學校。

高主教書院

1923 年聖類斯工藝學院男學生
（圖片來源：Maryknoll Mission Archives）

　　高主教書院於 1958 年成立，以香港首任宗座代牧高雷門主教名字命名，並紀念其所屬的宗座外方傳教會來港傳教一百周年，是香港首三所由天主教香港教區開辦的中學之一，其餘兩所為聖若瑟英文中學和天主教崇德英文書院。1951年西貢崇真學校開辦初中，為天主教香港教區最早的一所初中學校。高主教書院主樓曾經是中學和兩所半日制小學的校舍，是香港最高校舍建築，並設有首部學校升降機。1960 年代擴建中六大樓和第二期校舍。

　　高雷門主教堅持宗教教育，要做到比官辦的更好，曾兩度前赴新加坡，成功請得基督學校修士會（喇沙會）來港辦學，又向政府取得容許宗教教育內容的辦學補助。高主教在港生活 36 年間，合共用了八年時間奔波於世界各地，為籌募建堂和建校經費而努力，被喻為香港公教會的創辦人。天主教香港教區開辦了很多學校，中學有 26 所。

於操場望向北翼（圖左）和東翼（圖右），可見東翼設計較為古典和開揚。此圖攝於 2020 年。

google map

築唯一較明顯的雕花裝飾只位於正門及二、三樓遊廊的古典支柱，其餘窗口均為長方形，平實非常。南翼對外，東、北翼對內的地下都築有拱券，於東翼的拱券與操場相連，構成一個室內的活動空間。而北翼的拱券則被封上，上面有圓窗、下面設有長方形入口。大部分屋頂為傳統人字瓦頂，而在正門左、右的突出部分則為類似中式歇山頂的設計，在西式設計下帶有東方韻味，與當年香港教育中西交融的境況互相呼應。

現時狀況

二戰後，英皇書院在 1960 年拆除鐘樓，並於南、東翼加建一層以應付日益增加的教學需求，使得原本的瓦頂變為平頂。現在二、三樓不同的磚色正好道出這段歷史。除新建之西翼以外的整座校舍在 2011 年被評為法定古蹟。英皇書院在落成近百年後，依然屹立於山坡之巔，繼續作育英才。

Queen's College

皇仁書院

荷李活道及鴨巴甸街 35 號

校舍歷史與簡介

　　皇仁書院原稱中央書院或大書院，是香港首座具規模的官立學校建築。中央書院於 1889 年遷入位於鴨巴甸街 35 號的新校舍，並易名為維多利亞書院。新校舍

維多利亞書院時代舊貌，校舍在二戰中被戰火摧毀，在戰後拆卸重建為荷李活道已婚警察宿舍。

樓高三層，可容納 960 名學生。由
於地段位於斜坡之上，為了建造堅
固的地台，故以花崗岩石條鋪砌地
基。新校舍平面呈 E 字型，北立面
面向荷李活道，左、右兩翼均為課
室，而中間則是大禮堂。整個校舍
以矮石牆或磚牆圍繞，在東、南、
西三面均設有入口，位於上方的南
面入口與士丹頓街水平較為相近，
而東、西兩面入口均位於斜坡之
上，北面下方的操場則以石階連接
校園平台，其規模在當年可說是非
常宏偉壯觀。

建築賞析

賞析年份：1889 至 1945

在建築特色方面，校舍主樓左
右對稱，為古典三段式組合，基座
以麻石按照英國傳統手法砌成，殖
民地建築中常見的柱廊和拱頂亦見
於此。底層外牆刻有橫向的牆線，
此設計稱為粗面砌築(Rustication)。
中層較為簡潔，遊廊和中間牆面部
分置有傳統古典科林斯式和愛奧尼
式雙柱陣，天台中央蓋有傳統英式
四坡瓦頂，既美觀，又能減少禮堂
上方的承重負擔，其餘大部分為平
頂天面，相信是為了增加活動空間
和供晾曬之用，並設有花瓶形欄河

google map

使得塔樓上的十字架更能凸顯其宗教背景，但又不至於掩蓋其作育英才的原意。

南翼亦採用相同設計，東南立面有亞熱帶殖民地特有的遊廊，遊廊開口均設有落地百葉窗，配上位於主樓東北立面上常見於英式民居的飄窗，可算是殖民地化都鐸主義的表現。

現時狀況

二戰後，聖保羅書院於 1950 年遷往般咸道。會督府現成為主教辦公室和聖公會訪客的住處，內設博物館；而南翼加建了一層並曾作基恩小學校舍，其後在 2007 年翻修並易名廣傑樓，現用作明華神學院校舍。雖然會督府和廣傑樓現時不再是聖保羅書院的一部分，但因其地位以及其他宗教建築如馬丁樓和聖保羅堂的襯托，故此整個建築群被稱為主教山，而會督府仍是當中的核心建築，繼續向世人傳頌福音。現時會督府被評為一級歷史建築，廣傑樓為二級歷史建築，並於 2009 年起由聖公會連同聖保羅堂和馬丁樓兩座建築一同作復修保育。

聖保羅男女中學

麥當勞道 33 號

校舍歷史與簡介

聖保羅男女中學於 1915 年由聖公會創立，初期名為聖保羅女書院。校舍於 1927 年由堅道 2 號遷往現址，在戰後改稱聖保羅男女中學。

建築賞析

賞析年份：1959 至 1967

主樓建於 1927 年，依山而建，由北立面看樓高六層，由南立面看樓高兩層。大樓屬新喬治時期風格 (Neo-Georgian) 建築，以紅磚建成，配上白色泥灰作裝飾，屋頂為黑瓦金字頂，校舍平面成凹形。西翼在 1959 年建成，為典型的包浩斯 (Bauhaus) 現代建築，以鋼筋水泥建成，並設有大禮堂。

主樓南立面中央入口部分左右對稱，下層左右設有兩根托斯卡納柱 (Tuscan Order)，支撐着上面的平台，台上左右均設有小尖塔裝飾。再往上設有白色上楣 (Cornice)，並在屋頂設有十字紋章。入口突出部分左右則只設有橫紋點綴的白色陽台，有二十年代裝飾藝術

今天的聖保羅男女中學，入口門樓和當年分別不大，但四周已是全新建築。

風格（Art Deco）的韻味。西面山頂纜車徑入口設計較為古典，依山勢分為三段平台，以斜坡分隔，中段梯形突出的入口門廊以六枝托斯卡納柱支撐，中段和下段的最底層以泥灰塑出常見於新古典主義建築的幾何橫紋。入口上一層的窗頂均有弧形楣飾，再上兩層的中央和四樓左右都有古典風格陽台，再往上的五樓整層亦設有如南立面的簡約陽台。在加建西翼後，下段平台立面被拆卸以接合新翼。

中央凹陷部分較為簡約，背向麥當勞道入口的一面，最頂兩層中央部分以梯形突出，其餘兩邊遊廊以直線牆柱由地下直通四樓，頂上有弧形拱券，其以直線條為主的手法，大有簡約古典主義風格（Stripped Classicism）的味道。位於內部北邊的樓梯塔突出，亦是一個現代主義中的形態跟從功能（Form Follows Function）的例子。主樓整體在古典主義上又鋪陳顯出現代風。

1959年，西立面外建成西翼，其設計非常現代化，有包浩斯風格的影子，大部分窗口都設有白色遮

學校
位置

羅便臣道

雅賓利道

上

花園

麥

陽板以控制採光和室溫。大禮堂天台設有活動空間，非常實用，沒有多餘的裝飾。

現時狀況

　　主樓左邊的小白屋於 1968 年興建新小學校舍（建成於 1971 年）時被拆卸，而小學校舍再於 2011 年重建成新翼「李莊月明樓」及「莊邱碧雲太夫人舍堂」。主樓中央部分亦於 1985 年加建中學新翼，其餘部分變化不大。西翼則於 2006 年加建樓高十層的新大樓。在時代巨輪下，原本古典的校舍，已漸漸湮沒在新校舍群之中。

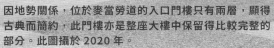

因地勢關係，位於麥當勞道的入口門樓只有兩層，顯得古典而簡約，此門樓亦是整座大樓中保留得比較完整的部分。此圖攝於 2020 年。

google map

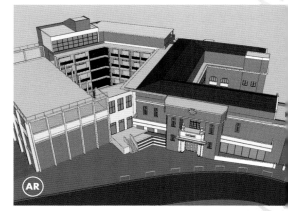

聖士提反女子中學

列堤頓道 2 號

聖士提反女子中學在近百年歷史中，大樓未有較大改動。

校舍歷史與簡介

聖士提反女子中學由英國海外傳道會於 1906 年創立，原校舍位於堅道 35 號，三年後遷移至堅道 27 號。1918 年華南大地震，校舍遭受嚴重破壞，學校其後向政府申請於城西公園東面的地段建新校舍，並於 1922 年由威爾斯親王於訪港期間奠基。主樓中央部分及西翼於 1923 年完工，1924 年由當時督憲司徒拔爵士夫人主持開幕，並兼作港大聖士提反堂女宿舍，直至二戰；東翼則於其後 1928 年完工。今天在校門外仍可見到當年的奠基石和開幕紀念碑石。

建築賞析

賞析年份：1928 至今

主樓為一座四層高建築，牆身以紅磚及麻石砌成，並以米白色泥灰批盪作牆面；屋頂則以中式烏煙及瓦頂砌成。建築是以新喬治時期風格 (Neo-Georgian) 為基礎，配以裝飾藝術風格 (Art Deco) 裝飾和中式四坡瓦頂，既保留有一些新古典風格 (Neoclassical) 構件，例如欄河和古典柱式，又有二十年代現代建築 (Modernist Architecture) 的簡約風，亦有中式四合院的韻味，像是三十年代折衷主義建築 (Eclectic Architecture)，表明了此建築是古典與現代建築交匯下的產物。

新喬治時期風格着重對稱，列堤頓道和柏道兩邊入口均有對稱的樓梯，都是對稱的弧形。柏道入口以一座古典拱門作為裝飾，列堤頓道入口則只設有英式鐵閘。柏道立面完全對稱，正中建有雙層門樓，門樓以方形和圓形托斯卡納柱（Tuscan Order）支撐，第一層有拱形楣飾，門樓頂中央有常見於裝飾藝術風格建築的旗杆，門樓加上入口仿中式二進式建築的設計。此立面上的窗均為方格鐵窗，樣式簡單，除了二樓設有突出陽台，其他古典裝飾欠奉。兩邊樓梯塔突出，有現代主義中形態跟從功能（Form Follows Function）的感覺。

列堤頓道立面雖然沒有如柏道立面般對稱，但三層高的主入口依然對稱，中間設有突出的飄窗，具英式民居風格。正中設於一樓的入口以托斯卡納柱支撐拱形楣飾，左右以方形托斯卡納柱支撐遊廊，二樓欄河只以方形紋飾作為裝飾，三樓則以花瓶形欄河作為裝飾，入口大樓左右均設有樓梯通往地下。值得一提的是這入口內設有一條木樓梯，與大樓年份相若，保養極佳。

（圖片來源：聖士提反女子中學）

學校位置

皇后大道西
第一街
第二街
第三街
第三街
西邊街
正街
東邊街
高街
般咸道
般咸道
柏道
列堤頓道
羅

柏道入口左右對稱，石牆上的校舍顯得高聳穩重，中間部分既古典又簡約，左右未有太多的裝飾，可見古典風逐漸被現代簡約主義取代。此圖攝於 2020 年。

列堤頓道立面其他部分跟柏道立面一樣，表面裝飾較少，相對平實。主樓中間為大禮堂郭少流堂，左右均設有天井，以四邊遊廊包圍，遊廊以托斯卡納柱支撐，整體採光和通風性極佳，可見現代主義已滲透建築設計之中。

現時狀況

　　聖士提反女子中學主樓於 1992 年被評為法定古蹟，現時並未有太多改動，整體仍為 1928 年的設計。

AR

google map

皇后大道中
歌賦街
荷李活道
必列者士街
鴨巴甸街
堅道

大樓的木樓梯保養極佳，與大樓年份相若。

校舍歷史與簡介

　　聖若瑟書院原為創立於 1864
年的聖救世主書院，在 1875 年由
基督學校修士會接辦並易名為聖若
瑟書院。位於堅尼地道 7 號的校舍
原為建於 1903 年的前德國會所，
於一戰時被港英政府以敵產為由沒
收。聖若瑟書院位於羅便臣道的校
舍於 1918 年 2 月 13 日華南地震中
損毀嚴重，校長艾瑪修士在同年向
港府購入前德國會所作新校舍，及
後於 1920 年和 1925 年分別建成北
座和西座。

建築賞析

賞析年份：1925 至 1962

　　前德國會所屬於德國文藝復興
式和巴洛克風格的建築，樓高五
層。因地勢關係，堅尼地道的正門
設於二樓，而於正門只可見到建築
物其中三層。正門入口設有一個小

**聖若瑟書院遷校前的舊校舍聖若瑟樓，建於
1881 年，為哥德式建築，當時該地段被稱
為聖若瑟台。此建築於 1989 年重建成住宅
樂信臺。**

從 2007 年建成的東座望向西座和北座，可見其古典柱式遊廊和拱券。此圖攝於 2019 年。

門廊，上面有古典建築上常見的三角楣飾，形成一個希臘式神廟立面（Greek Temple Front）。建築立面的正中及左右均立有突出的希臘式神廟立面，上面設有小尖塔，令整座建築顯得更為高聳。北立面則只在中間設有突出山牆，但左右角均建有八角形尖頂塔樓，並於三樓設置陽台。圍繞整座建築都設有古典方柱，而拱券除了頂層是平頂，其他都是半弧拱形的。整座建築因為是文藝復興式建築而並未有太多巴洛克式的浮雕，但依然表達出巴洛克風格中的浮誇巨大感，盡顯其氣派。

　　至於西座和北座則較為簡約，皆為四層建築並具有意大利文藝復興風格。兩座牆身並未有太多裝飾，只是在近屋頂部分以粉藍色突出圓形紋飾作為點綴。西座頂層中部突出，是為小教堂，其前後均設有露台可內望整個校園，屋頂中央設有小鐘樓，上面裝有十字架以道出其背景，而底層則設有托斯卡

學校位置

羅便臣道　　雅賓利道

上𡿨

花園𡿨

麥

納式（Tuscan）柱陣遊廊。北座以教室為主，左右樓梯塔頂設有小塔樓，其頂坡度較為平緩，上面設有一小球狀裝飾，帶有中式感覺。對外向紅棉路一方的中間兩層立有巨大的愛奧尼式巨柱，而面向校內的立面則以小柱為主，其最大特色為中間突出的牌樓和聖母像，相信是與前德國會所作對應。

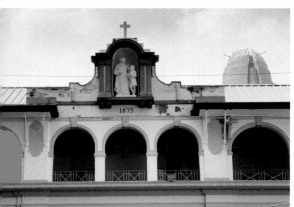

現時狀況

前德國會所於 1963 年拆卸並重建成新座，西座和北座則於 2000 年被評為法定古蹟。其後 2007 年東座建成，校舍成為一個封閉的長方形，自此，外人再難以一睹這兩座古老校舍建築的全貌。

St. Louis School

聖類斯中學

第三街 179 號

校舍歷史與簡介

　　聖類斯中學於 1864 年創立，當初稱為西環養正院，於西環第三街設有兩層高校舍，並於 1915 年加建西翼校舍。其間學校多次易名，並於 1927 年由天主教鮑思高慈幼會接辦，改名為聖類斯工藝學院，其後再於 1936 年改稱聖類斯中學。

建築賞析

賞析年份：1951 至今

　　本篇主要介紹東翼(A座)和中翼(B座)大樓。東翼新校舍於 1936 年 11 月落成，位於廣豐里和第三街交界，樓高五層，由 Hazeland and Gonella 設計，是鋼筋水泥建

聖類斯中學的東翼（A座）依然保留當年的工業風，與後來興建的幾座大相逕庭。

築，外表以水泥批盪模仿石磚，是典型裝飾藝術風格（Art Deco）的表現。入口處位於轉角，只見四層，主要為斜切面，入口上以扇形陽台頂形成門廊，最上兩層為扇形陽台，是三、四十年代摩登流線型建築（Streamline Moderne）的表現。屋頂建有六角塔頂，外面飾有十字架，和在外牆上的橫紋裝飾，均屬藝術風格。所有窗都方正簡潔，帶濃厚工業風，完全凸顯其前身為工業學校。唯一的古典裝飾是設於背部下層左右的拱門和三角門楣。

中翼大樓於 1952 年重建成新大樓，原本由 A.H. Basto 設計的四層高建築在時任校長祈志堯神父（John Clifford）策劃下加建第五層。大樓為兩翼長條型鋼筋水泥建築，入口接近中間接合處，其頂為

東翼大樓（圖右）帶有濃厚工業風，中翼大樓（圖左）明顯較為現代。此圖攝於 2020 年。

內弧，與東翼相反，與馬路平行。正立面首三層設有大量窗口，窗線上下有橙色窗台和簷篷，類似般咸道的羅富國師範學院。頂層設有排列整齊的橙框方窗，屋頂為金字頂，具明顯的裝飾藝術風格。其背面教室以遮陽板分隔，排列整齊。頂層則設有幾何建築鰭，具裝飾藝術風格。樓梯外牆有方形小洞，為典型現代建築設計。

現時狀況

1936 年北翼因被颱風摧毀而重建。西翼於 1938 年改成三層高鋼筋水泥建築，再於 1969 年重建成今天的八層高現代建築。整個校舍並無多大改動，東翼在 2009 年被評為二級歷史建築，多年來成為第三街的標記。

google map

Raimondi College

高主教書院

羅便臣道 2 號

高主教書院為現代建築，
步入六旬的校舍仍能配合
現今的教學需要。

校舍歷史與簡介

　　高主教書院創辦於 1958 年，位處羅便臣道 2 號的校舍主樓於同年建成。高主教書院校舍依山而建，由三座大樓組成，現稱 A、B 和 C 座。整座校舍以鋼筋水泥建成，是典型的現代主義建築。

建築賞析

賞析年份：1971 至今

　　建於 1958 年的 A 座樓高 165 呎，共有十四層，是校舍中最高的建築，曾是香港最高的校舍。入口設於羅便臣道，入口上面以梅花間竹方式裝嵌有多個外方內菱玻璃

B 座走廊被玻璃封閉，下面是大禮堂，遠處可見的聖母無原罪主教座堂。此圖攝於 2019 年。

窗，大有常見於教堂中的彩繪玻璃之感。窗戶排列整齊有序，鏤空樓梯外牆常見於包浩斯建築(Bauhaus Architecture)，其顯示上落方向的斜紋更明顯表示了大樓的間隔設計，完全顯示了形態跟從功能(Form Follows Function)的概念。

B座建於1967年，樓高十層，地下至八樓與A座連接。連接座頂上設有球場，一邊是走廊，一邊是課室窗戶，樓梯塔上半外牆以細小方格孔以通風透光。B座走廊被網格欄柵封閉，教室窗外設有常見於六十年代建築的遮陽板，樓梯以鏤空小格顯示，而且B座中間的一、二樓更設有大禮堂。

C座建於1971年，樓高五層，被訂為三至七樓，與主樓(A座和B座)分離。走廊一邊設細小氣窗，課室外窗以遮陽板分為一格格，每三格間有一條粗坑，非常清楚地顯示室內間隔，大有現代建築的精髓。

現時狀況

此校舍並未有太大改動，與附近較古老的聖母無原罪主教座堂相映成趣。

學校位置

干德道　羅便臣道　卑利街　奧卑利街

摩羅廟街

盧吉塔　羅便臣

校舍最突出的為中間的船橋型樓梯塔，梯級狀窗戶顯示其上落方向，帶有形態跟從功能（**Form Follows Function**）的概念。此圖攝於 2020 年。

初期形態跟從功能（Form Follows Function）的理念。其弧形外表亦參照了當年的船舶工藝，此舉常見於三、四十年代的建築，在建築上稱為摩登流線型建築（Streamline Moderne），位於港島的香港遊艇會（建於 1940 年）和舊灣仔街市（建於 1937 年）就是最佳例子。

現時狀況

羅富國師範學院於 1994 年與另外四所師範院校合併為香港教育學院，及後於 2016 年正名為香港教育大學。其般咸道舊校舍至今依然屹立，建築物大致和半個多世紀前相若。李陞小學下午校於 2000 年遷入，更名為般咸道官立小學，繼續作育英才。

google map

學校生活點滴

從與學生、校友的對話中，
細味學校生活的點點滴滴，
感受那些從歷史資料中無法呈現的情愫。

Chapter 4

談談寄宿生活

何女士：香港很少學校有寄宿的設施，五、六十年代很多華僑讓女兒來香港讀書，聖士提反女子中學很著名，這裏有寄宿，又可修外文，她們不用讀中文，可以讀法文，而且也有優良的傳統，環境也很安全。當時有很多柬埔寨、越南和金邊的華僑女兒過來就讀。我入學時，宿舍最高峰的時候有六十多人。我們小學生是 12 人一間房，中學就是兩個人一間。宿生霸佔了主樓整個頂層，一半給寄宿老師住，另一半給學生住，還有一個靈修室供晚禱使用。另外病房也裝修得優美舒適，大家都嚮往入住的。

宿生在學校屬於少數，其他都是「走讀」。全學校每級每班都有宿生，大概一兩個或兩三個吧。我們很團結，高班和低班同學打成一片，低班的同學常以「某某」姐稱呼高班學姐。星期五放學後，在香港有家的宿生可以回家，星期日才

返回宿舍；而海外宿生則趁着週末到附近列堤頓道髮型屋洗髮及到堅道買水果零食。

宿舍老師都很疼愛我們。每逢節日，我們會有派對、戲劇表演或比賽。宿舍老師每週會帶着宿生們外出步行一次，通常由列堤頓道上行至旭龢道，經干德道，至羅便臣道便回轉返校。當年屋少車少，是非常寫意的活動。

關於寄宿，印象最深刻的是每天早上六時四十五分便要起床，舍監搖着大鐘喚醒我們。那時候是我們最辛苦的時候，只有十五分鐘梳洗，七時就要到地下低層的宿舍餐廳吃早飯了。

每天放學後，宿監容許我們有最少半小時在校園內到處跑動，但大門是鎖上的，我們不能到街上去，不過當時學校花園包括林木茂盛的城西公園現址，所以一班小學宿生最愛以探險為名跑入樹林玩耍。

晚飯後，有最多一個半小時的

宿生用膳地方（主樓地下低層，現已變成校園電視製作室）
（圖片來源：聖士提反女子中學）

自修時間。小學宿生的就寢時間是八時半，中學宿生是九時半。宿舍老師會多次巡視。

我在小學三年級入學，寄宿了五年，享受了人生中最快樂的時光。宿費好像是數百元。到了中一那年，寄宿生已由高峰六十多人減至二十多人，因為沒有太多外國僑生就讀，學校沒法收回成本，所以在我完成中一課程後便停止經營寄宿制了。

談談當年校舍

何女士：現在頂層都變成教室及其他特別室了，當年中學生宿舍南北翼分別改為靈修室及音樂室。當年山坡上那個現時名叫城西公園的部分都是屬於學校的，外人不得進來。現在已歸還了那部分給政府向公眾開放。

嚴女士：宿舍餐廳現在已變成校園電視製作室(Campus Broadcasting Studio)。

在主樓頂層你會看到兩面走廊樓梯都有一道門，並圍上鐵絲網，這是舊建築遺留下來的痕跡，是宿舍保安設施。我們讀書的年代，那些校具都是五十年不變的，後來換了校長，說那些校具可以更換新的，所以一點點在換，主要都是翻新設施。

七十年代初期有個重建計劃，要把這一棟主樓拆掉，那時候沒有保護文物這個概念，後來因為 1976 年實施了古物及古蹟條例，主樓被鑑定為有歷史價值的建築物，因此就保存下來。二戰前後的校具還在，有些我們翻新了。

母校帶給你最大的得着是甚麼？

嚴女士：我覺得是做人的態度。聖士提反女子中學雖然是基督教學校，但不會強迫學生信耶穌，不過在早會唱詩歌、讀經、浸淫於老師及同學分享和提倡服務他人的精神下，容易培養出一顆體諒別人、關懷別人的心。曾經有位他校校董問我覺得自己有甚麼強項，我就回答說，如果我答應別人做一件事，我一定會盡力去做到自己能力所及

宿監倪慕文女士（Miss Pansy Hilda Nelson）對宿生解說宿
舍情況。右邊第二行第四位為何錢每豐。
（圖片來源：聖士提反女子中學）

的。那位校董就回答說他太太也是聖士提反女子中學畢業生，她都是這樣的。

何女士：我總共在學校度過 11 年的時光。學校給我的浸淫就像春風化雨，令我一生受用。我最感激母校的老師。寄宿的時候，可以接觸到很多外國老師。她們不介意與我們聊天，如外國的電影和小說，無所不談，有甚麼不明白的都可以跑去請教她們。

除了課本上的知識，我亦忘不了老師給予說不盡的課外知識，由如何寫筆記至如何做人。

另外學校也給予同學機會練習公開演說。每天早會時，各個興趣小組或學會的組長都可以上台宣布會務，是投入社會前一種很好的訓練。

日　期	2019 年 7 月 30 日
地　點	聖士提反女子中學
受訪者	劉沁婷（2018 至 2019 年度總學生長，2014 年入學，受訪時就讀中六） 陳穎楓（2018 至 2019 年度副總學生長，2014 年入學，受訪時就讀中六）

▍為甚麼入讀這所學校？

　　陳同學：因為我於這所學校的附屬小學就讀，亦較了解附近的環境。我的姨姨是這所學校的舊生，對這所學校的情況較了解，她覺得我的性格較適合在這裏成長，所以決定讓我入讀這所學校。

　　劉同學：住得較近是其中一個原因，但主要原因是這裏校風好，亦提供了不同活動及課程給我們參與。我的父母也希望我入讀這所學校，我所在小學的師姐們也有入讀這所學校，父母覺得小學成績較好的師姐也入讀這所學校，所以覺得這所學校也不錯。

▍談談校園生活

　　劉同學：學校有很多運動隊伍，亦有很多學會，那時想加入舞蹈隊，也想加入一些學術性學會，如數學、中文學會。有時候也會利用午膳時間開會，如學生長和學生會等不同的會議。之前學生會舉辦了以「大富翁」棋盤遊戲為主題的活動，配合學生會本有的主題，舉辦了一個較小型的校園追蹤(Campus Tracing)，希望同學收到線索後到不同課室找出答案，看他們如何過關。其他較大型的(活動)，我們舉辦了中西區的社區追蹤(Community Tracing)，去一些中西區較有特色的地方玩遊戲，亦會發掘該區特色。

　　陳同學：我參加過合唱團，會有聯校音樂節和比賽。亦有以服務為主的，例如一起送湯，也有試過

裏糭子。運動方面，有試過一起參加友誼賽。校內午膳時間較長，學會會安排活動給同學參與。時間較短的小息，同學們會到小賣部買食物。較長的(小息)，校隊會利用這段時間練習，例如合唱團會於這時候進行小型練習，運動校隊會進行健身訓練。

我們(學校)補課較少，也希望同學能在小息等休息時間享受生活。所以小息時我們會把時間用在課外活動上。

▍談談校園建築／歷史

劉同學：初中時走進這大樓會有更深刻的感覺，覺得自己正步入古建築，感覺新奇，令我更珍惜在這裏學習的時間。後來習慣了，但也很喜歡這個地方。我覺得這古蹟大樓真的很美，學生會的產品也是參考了這大樓的建築特色，很多設計也是參考了這大樓。因為我們覺得這大樓能代表我們學校，能代表自己。因我們在這裏讀書，有強烈的歸屬感。

學校有文物小組，他們會定時在學校的週會與全校同學分享學校的歷史，例如校名。這所學校改了數次校名，相信同學以前也不知道。經過文物小組的介紹，讓同學知道原來學校曾改名。

陳同學：大樓是一幢中西合璧的建築，令我更能投入於學習的氣氛中，上課時更專心。從前舊生們在這裏上課，如今我們也在相同的課室裏上課，會有一種微妙的氣氛。如果這裏被清拆了會覺得很可惜。我們學校是一所偏向西式風格的建築，有一些柱是特色建築，是羅馬式的風格。在校園內拍照，有些時候就像去了異地，但這裏仍然是香港。學校的花園因為有人悉心打理，我們從地鐵站走出來或上學的時候，都會經過花園，留意周邊的花草，整個環境也很優雅。我相信校外人士看到我們有這麼大的花園也會覺得很驚訝。

初中時，我是學校的學生大使。日治時期，學校曾改為臨時醫院，也有著名的作家例如蕭紅和一些名人的骨灰葬在這裏。了解學校歷史使我們對學校產生更大的歸屬

感。一開始入學的時候，校方亦有跟我們介紹學校的歷史，讓我們更了解學校。

母校帶給你
最大的得着是甚麼？

　　劉同學：學校不會反對學生有不同的意見，希望我們勇於表達。

　　陳同學：校方很中立，可以接納不同同學的意見。遇到不同的事情，你可以持正面或負面的看法，學校也願意聆聽。
　　我認為我校的學生是在背後默默耕耘的人。我們未必很積極表達自己的意見，但我們會擔當支援的角色，令事情運作得更順暢。

嘉諾撒聖心學校

Sacred Heart Canossian School

日　期	2019 年 9 月 20 日
地　點	嘉諾撒聖心學校
受訪者	任燕華女士（1953 年入學讀二年級，1958 年六年級畢業）

當時怎樣上學去？

任女士：我們是走路回去的，那時候住在荷李活道。荷李活道當時有很多書局，年紀大的就會知道那時候有四海書局、中國書局，我們住處附近都是書局，經過這條街上去。

為甚麼入讀這所學校？

任女士：這個是天主的恩賜，正巧有一位親戚認識一位意大利修女，修女就告訴我媽媽，她說你家裏有多名女兒，若讓其他女兒繼續讀真光私立的話，學費很貴（原本任校友在真光讀幼稚園和小學）。如果能讓我入讀聖心，三位妹妹便也可以一起入讀聖心。

那時候的幼稚園不是三年制，聖心幼稚園當時只需要就讀一年，然後上一年預備班，才進入小學。修女卻說我的其中一位妹妹長得高，不用讀預備班了，直接讀一年級吧。所以這位妹妹比其他人早些畢業，她也很努力考進了港大的醫科。在 2003 年「沙士」疫情期間，她在東區醫院醫治病人，在各方面的努力下，沒有死亡個案。政府後來更頒發了銅紫荊星章給她。我最

我是道路、真理、生命

I AM THE WAY
THE TRUTH AND TH

小的那位妹妹也是個醫生，現在在澳洲生活。

在我們讀書時期有一位李老師，她現在已經 88 歲，住在加拿大，我的兩位妹妹也曾探望她。當年老師對我的妹妹非常關心，她知道我們當時的經濟環境不是很好，向我們提供協助。真的不怕說，那時候每月學費十元，但有時候家裏賺不到錢，只能遲交學費。有時候老師知道某學生的家庭經濟出了問題，會代她先繳交學費。

所以我三位妹妹都很感謝那位老師，亦十分感謝聖心的栽培；老師也常常鼓勵學生，例如我記得有位老師經常提點我，要練好寫字。有時候我不喜歡把所有事情都宣之於口，但回憶起來，很感謝學校的教學理念。所以到了我的女兒要讀書的時候，我都讓她們入讀聖心，因為我心存感恩，也希望女兒可以在聖心接受教育。

▎往日的校園生活

任女士：那時候的校舍在現時嘉兆臺的位置。我們上學就是走很

多樓梯上去的。當時我們有寄宿生——有些可能是孤兒，他們都是一起讀書的。我們有兩三位同學是寄宿生，家裏的居住環境不太好又或者地點比較遠。 同學中有葡萄牙人，因為葡萄牙人多信奉天主教。他們不用上中文課，他們學葡文。當年中學有幾個同學是很厲害的，他們在作文比賽或詩歌朗誦比賽都有得獎。有一位姓陳的同學，後來在香港大學教英文；又有一位當上政府高官。

在中學讀書時會回家吃午飯，因為我們都是在附近居住。當年一天三餐也會吃飯，配些簡單餸菜，然後上學。那時候沒有甚麼課後活動——有些同學或會安排其他活動，但我們都回家讀書溫習。我們沒有很多零用錢，也不習慣和其他人有太多交往，只是在小息的時候會和別人聊聊天，那時的生活很簡單。

▎當年校舍建築

任女士：小學的規模沒有那麼大，中學的那個校舍才是長長的，

可以在走廊望到海，就是維多利亞港的位置，因為那時候沒有那麼多高樓大廈。拆卸的校舍當中，令我印象很深刻的是建築中間的木樓梯，那條木樓梯，樓梯頂和樓梯底是石屎做的，普通人不可以走，只有班長、老師及校長才可以使用那條樓梯。修女常告訴大家，走路不可以有聲音，也不可以發出聲音，很注重儀態的。

畢業後生活

　　任女士：1963 年，中學畢業後我考到羅富國師範，當時校舍在瑪麗醫院下面。但我唸了不到一個月就退學了，因為當年的修女說我的中學會考成績不錯，可以給我獎學金在聖心升讀中六。當年學校有壁報介紹職業，剛巧政府聘請配藥員，我成功考到後便一直在政府醫院出任配藥員至 51 歲提早退休。

小六畢業旅行合照，第一排右四為任燕華。（圖片來源：任燕華女士）

日　期	2019 年 9 月 20 日
地　點	嘉諾撒聖心學校
受訪者	冼頌恩同學（2014 年入學，受訪時就讀小六） 溫芷晴同學（2014 年入學，受訪時就讀小六）

▌為甚麼入讀這所學校？

冼同學：媽媽說因為外婆和她都是這所學校的舊生，如果我報讀的話分數會高一些。而且我未就讀一年級前，已經跟爸爸媽媽參觀過這所學校，覺得這裏環境不錯，很有學習氣氛，所以就選了這所學校。

溫同學：我是由嘉諾撒聖心幼稚園升上來的，因為這裏是與幼稚園聯繫的小學，我讀幼稚園的時候也曾到這裏參觀過數次，覺得校風很好，環境漂亮，老師們也很友善，而且媽媽也是這裏的舊生。

▌有哪些校園活動？

冼同學：通常星期五會有課後活動，我們自己選擇的，例如扭氣球、STEM 活動，希望我們可以有益身心，強身健體。我今年還參加了陽光少年團。

溫同學：我今年繼續參加歌詠團，因為之前參加過面試，歌詠團取錄了我，我打算繼續參加。

另外，我參加了英文辯論（English Debate），可以提升我們的說話能力。

▌學校的宗教特色？

冼同學：我媽媽也在聖心小學（嘉諾撒聖心學校）就讀，然後升上聖心書院（嘉諾撒聖心書院），媽媽是護士。我是天主教徒，通常星期日就去聖堂。

溫同學：我媽媽也是護士，我爸爸是公務員。我媽媽也是由幼稚園升上這所小學，都是舊生。我也

左起：溫芷晴同學、冼頌恩同學、劉岑淑華副校長

是天主教徒，我跟她一樣去同一所聖堂。老師會教我們一些到聖堂需要注意的禮儀，聖經堂中也會教一些，聖經堂一星期上一至二課節。

在學校的深刻經歷？

冼同學：媽媽說她試過被老師責罵，現在的老師會比較溫柔，會和我們多講道理。我有一個特別深刻的經歷，是當我唸二年級時，有一天發燒，要往休息室，同學當然繼續上課，但是當老師讓同學拿功課本到教員室的時候，同學都會到休息室看看我，坐在我附近的同學更幫我抄筆記和在手冊寫下要做的功課。我回到課室後又告訴我老師教了些甚麼。而老師比同學

更忙碌，一邊照顧我，一邊通知家長，又辦早退手續讓我回家，在整個過程中讓我感受到老師和同學的關心。

溫同學：有時中學的大姐姐會來到學校，也有校隊的同學會去聖心書院參與一些活動，例如籃球隊去學籃球技巧。我們都去過中學參觀，很大和很漂亮。有一次，我代表學校參加校際游泳比賽，除了可以和自己學校的同學一起齊心合力，為學校爭光外，還可以觀摩別校同學的游泳技巧，讓我大開眼界。

▎校園環境？

冼同學：我最喜歡的就是圖書館，因為那裏有不同的書籍，例如：文學、科學、歷史等各種不同的書籍。閱讀這些書籍除了可以增長自己的知識之外，還可以慢慢欣賞書中每一個細節，令自己放鬆。

溫同學：我最喜歡操場旁邊的小矮人花園，我由一年級升上現在六年級都常常去。那裏放了很多個好可愛的小矮人，很吸引。那裏有幾張小桌子可以給我們幾位同學一起溫習，做功課，完成功課便可以在那裏畫畫，玩一下，同學們有時間都喜歡到小矮人花園聚在一起。

▎入讀這間學校的最大得着？

冼同學：我最大得着是可以在聖心的搖籃中長大，因為一年級的我甚麼都不懂，單純的我經過老師的教導、支持，現在慢慢成為一個有目標、有夢想的青少年，我很感謝老師給我很大的支持，他們付出了很大的努力，希望我們長大成為一個有才華的人。

溫同學：我在這所學校，從年紀很小的一年級，成長到現在六年級，期間有很多老師關心我，有很多同學支持我、鼓勵我。我也很感謝爸爸媽媽，有時當我讀書不開心，他們都會陪伴我，我很開心可以在這所學校讀書。

St. Louis School
聖類斯中學

日　期	**2019 年 9 月 21 日**
地　點	**聖類斯中學**
受訪者	**陳天富先生（1954 年入讀聖類斯中學， 1961 年畢業）**
	何浚麒先生（2013 年入讀聖類斯中學， 2019 年畢業）

▌入讀的緣分

陳先生：入讀聖類斯中學之前，我在一所女校讀小學，但因為該校的中學是女校，不收男學生，所以所有男生都要另覓其他學校。在尋找過程之中，我們是漫無目的地四處尋覓，從堅道真光校舍一直走到般咸道。當時我們年少，一班同學一臉懵懂，只喜歡踢足球。在小學時，我們在學校造了一個紙足球，踢着玩。當經過第三街聖安多尼堂時——現在可以看到圍牆，但以前只是以鐵絲網圍着——我們站在鐵絲網外看到一個足球場，我們一陣嘩然，被這個很大的足球場吸引着。於是二話不說，就去到校門前「叩門」，因為那個時候還未正式公開招生。在大門口迎接的人是一位書記，然後我們跟他說：「我們想在這裏讀書。」書記就每人派發一張報名表，最後我們一起報考這所學校。

何先生：我於 2013 年入讀中一，在 2019 年畢業。我以前也是就讀於聖類斯小學，但我小二才插班入讀，這樣計算的話，由小二到中六，我在聖類斯已經 11 年了。現在我就讀城市大學，主修管理科學。

1993 年感恩節綜合晚會在香港伊利沙伯體育館舉行。陳天富（左一）
與 Fr. McKenna 一起擔當客串司儀。（圖片來源：陳天富先生）

當年學校附近的
社區生活和經歷？

何先生：朋友都是集中在學校附近居住的，所以很多時候放學都會跟朋友在中上環附近打籃球。由於我比較喜歡四處逛街，有時候我會在中上環的街道四處穿插，觀賞不同樓宇的設計，最感興趣就是一些「三尖八角」的大廈，了解它們背後的歷史。

陳先生：我住在德輔道中、永吉街電車路附近，對面是先施公司。我記得當時德輔道中所有的樓宇都只是四層高的大廈，偶爾會有一幢五層高樓宇，居住在五樓的住客都比較「優秀」，因為他站在窗

邊就能夠俯瞰整個中環的景色和維多利亞海港。而小時候最有趣的事情就是可以在過年的時候放爆竹。

那時候我在小五插班入讀，但其實當年是想在原校升讀六年級，然後升中再找其他學校，但就因為聖類斯的球場，吸引我想立刻轉校，當我填妥報名表後，學校便立刻取錄我，所以入讀這所學校對我來說也是一種緣分。當我於聖類斯畢業後，我投身成為老師，並在玫瑰崗學校任教十年。之後一次機緣

巧合下我回到母校，在這裏任教直至後來移民，我覺得這一切也是上天的安排。50歲時，我移民到溫哥華，香港九七回歸時就返回香港。那時候只是想參與回歸的慶典，看完就返回加拿大。

在學的趣事？

陳先生：我覺得現在的學生非常幸福，日常生活如飲食和交通都不用煩惱。像我們以前，坐巴士每

1960年班際足球比賽冠軍（後排右一為陳天富、後排左二是黃宏發）
（圖片來源：陳天富先生）

天都排很長很長的隊，而且班次也非常疏落。每個早上，都要看準班次，提早排隊，如果稍為遲了，就會很多人，沒辦法上車。那個時候如果巴士掛了滿座牌，便不會停站，我只能夠「送車尾」，然後遲到。我從來不遲到，因為每天早上，我都會提早回校希望能在上第一堂前踢足球。基本上我們是最早到校的，當神父打開學校大門，我們便立刻衝到球場踢足球。至於遲到的懲罰，每遲到一次就會記一個

缺點，記了三個缺點就會記一個小過。三個小過就會記一個大過。三個大過就會被趕出校。以前甚至欠交一次功課都會被記一個缺點，記滿 27 個缺點就足以被踢出校。有一些很懶惰的同學，他們會計算着自己的小過數目，剛好讓他們能夠升班不用被趕出校。

何先生：我有聽過蘇 Sir（蘇浩賢副校長）提及聖類斯中學最嚴格的四位老師，其中一位便是 Paul

1989 年聖類斯籃球隊奪取校際比賽甲組冠軍
（後排左一為陳天富）（圖片來源：陳天富先生）

1959 年聖類斯中學第十六旅童軍奪取港島旅際足球比賽冠軍
（前排右三為陳天富）（圖片來源：陳天富先生）

Sir（陳天富先生）。而我印象最深的
是曹文植神父，他會拿着拐杖在操
場周圍巡邏。

　　陳先生：那個時候的神父非常
嚴格，令部分同學覺得他們很兇
惡。那時候是可以體罰的，有時同
學想說話，但神父覺得現在不是同
學能說話的時候，二話不說就會給
他掌嘴，很嚴格。記得有一位很恐
怖的老師，上課時會拿着一個「占
士邦」式的行李箱。他打開行李箱
立刻拿出兩條藤條，然後拿出白

布，清潔藤條，我們看到白布染上
血跡，其他同學都嚇得不敢犯規，
沒有人夠膽不留心。以前最怕他指
着我們要我們回答問題，因為只要
我們答不上來，下場就是體罰。所
以那個時候的教育是用藤條教出來
的。就因為體罰，我們沒有人膽敢
上堂分心。

當時怎樣讀書／溫書？

　　陳先生：那是沒有粵語歌曲的
年代，只唱英文歌。我們會用最快

2017 年，何浚麒與曲棍球校隊成員的合照（圖片來源：何浚麒先生）

速度學懂最新的流行歌曲然後唱給女朋友聽。在收音機聽到最新歌曲的時候，都會以默書的方式把歌詞抄下，很多時候會有所缺漏。在沒有辦法的情況下，我會把歌詞帶回校給「鬼佬」神父修改一下。當他們看過之後，都會稱讚我竟有如此造詣寫一篇英文情詩，因為那時候的歌詞就像一首詩一樣，很有深度。所以給神父看過歌詞後，都會拜託他幫忙修改一下，把整篇本來有缺陷的歌詞能夠完完整整地呈現出來。當他修改完畢後，我再回家聽收音機，「沒錯就是這個字了！」，

2017 年學界曲棍球比賽中罰球打出前一刻（圖片來源：何浚麒先生）

然後我會把新學的英文字記下。就是這個方法，令我的英文能力越來越好，而且進步神速，也因此令我對英文產生興趣，所以上英文課時最留心。課餘時，我會看一些英文文法的書籍，提升英文能力。

何仲平的畢業照。後排右八為何
醫生。（圖片來源：何仲平醫生）

譚碧儀的畢業照。第三排右六為
譚女士。（圖片來源：譚碧儀女士）

昔日上音樂堂的情況
（圖片來源：聖公會聖彼得小學）

日　期	2019 年 10 月 12 日
地　點	聖公會聖彼得小學（山道 70 號校舍）
受訪者	徐俊軒同學（2014 年入學，受訪時就讀小六） 邱仁毅同學（2014 年入學，受訪時就讀小六）

為甚麼入讀這所學校？

徐同學：除了報考這所學校，我也有報考其他學校。我覺得能夠入讀這所學校是因為爸爸是這裏的舊生。

邱同學：其實我當年是與父母一起選擇，覺得這所學校很合適。而且唸幼稚園的時候，老師曾帶我們到這所學校參觀，與當時二年級的師兄、師姐一起活動，覺得很開心。

關於校園活動

邱同學：我在四年級和五年級時都參加了英語音樂劇培訓班。記得四年級剛參加這個班時，我比較害羞，但卻積極；到了五年級，年長了，自信心大了，變得更加投入，也學習到如何與人合作。

徐同學：在學校最喜歡的活動是「奧數」班，另外也有參加今年將演出的音樂劇，這兩項活動都是我喜歡的。至於我最喜愛的課外活動則是冰上曲棍球。

新舊校舍的比較

徐同學：我較喜歡新校舍，因為舊校舍的課室和洗手間距離較遠，而洗手間又在最低一層，要上廁所的話便要跑上跑落，花很多時間。有時洗手間去得太久會被老師薄責，所以舊校舍不太方便。不過舊校舍的課室較為特別，有些是鑽石型，有些是微彎的。

左起：洪寶鈴、徐俊軒同學、邱仁毅同學、黎可欣校長、李文翰

邱同學：山道 88 號舊校舍那邊有條「彩虹橋」，每個樓層的欄杆也都不同顏色，很特別。

母校帶給你最大的得着是甚麼？

邱同學：學校增加了我的自信心，令我認識了不少朋友。我現在比以前更有膽量和別人溝通。

徐同學：學校令我學到很多東西。我特別對常識科感興趣。自從一年級接觸了常識科後，便覺得這個科目很有趣，所以想繼續鑽研，學習更多相關的知識。

King's College
英皇書院

日　期	2019 年 10 月 17 日
地　點	英皇書院
受訪者	范佐浩先生（1956 至 1960 年就讀中二至中五） 郭敬安同學（總領袖生，2014 年入學，受訪時就讀中六） 黃駿佳同學（副總領袖生，2015 年入學，受訪時就讀中五）

校園生活今昔

范先生：我小時候在油麻地居住，當年早上上學要坐油麻地小輪，從佐敦道碼頭到中環。到中環後，有錢的話便可以坐 3 號巴士上來，缺錢時便要坐電車，這是最便宜的；真的負擔不起時就走路回校。午餐通常都在街上吃，當時光顧「光記士多」，幾毫便能吃上一餐。

郭同學：我在長洲居住，所以平時回校是在六時起床，趕上六時四十分的航班，跟着再乘搭巴士回校。但有時如果要早些起床，例如領袖生有些事情要做，那就要乘搭早一班的航班，五時多就要起床了。

范先生：課餘時間會去西營盤的「鐘聲游泳棚」，在泳棚游泳。也喜歡踢足球，我回顧當時我在學校的紀錄，我參加了很多校隊，最主要是足球、乒乓球。我那麼矮，卻連籃球校隊也能參加。

畢業之後，我要工作，後期才多和舊同學聚會。初時出來工作，大家都以工作為主，我在銀行工作了十年，都有參加英皇書院同學會，更曾擔任會長，也有幫忙籌備改善母校的游泳池，游泳池是很多

左起：劉亮國博士、鄧穎瑜女士、黃駿佳同學、
郭敬安同學、范佐浩先生、鄭保瑛博士

年前興建的，狀況不太好。我在1960年畢業，籌備改善游泳池應該是在1970年前後，游泳池常常沒有人使用，池水也乾涸掉。

多與舊同學聯繫，是很有益的。我記得當年中英談判香港回歸，我們幾個同學，不記得六位還是七位同學去北京，與魯平及其上司見面。當時與他們見面討論香港回歸的問題，是自發的，不是由政府特別組織的。

母校帶給你最大的得着是甚麼？

范先生：我覺得英皇的同學一般家庭環境都比較艱難，而皇仁、伊利沙伯那些學校的同學比較富裕。可能因為大多數同學的家庭環境都比較艱難，所以很勤力，相比之下，自己不努力些好像不太好。我算是一個幸運的人，普普通通地畢業出來社會工作。本來我很想讀大學，直至今天也是。但當年一個偶然的機緣下，會考時碰上「瑪麗」打大風（1960年的颱風「瑪麗」），會考要延遲，這樣我在街上遇到一個同學，當時仍未有會考成績，同學說他有位世交介紹他去考恒生銀行的職位。我本來只是在街上碰見他，沒有心理準備要考甚麼，只是希望會考能考上就繼續讀中六。他問我去不去，我就跟着他去了。他的世交是恒生銀行比較高級的職員，他說介紹你也可以，只是介紹你去應考，不是介紹你去工作。六百人應考，只取錄六位，他說如果考上，一定要做，不要考上之後說不做。當時我想我一定考不上，但考上了，無論怎樣都要做這份工。怎料最後取錄的六位中有兩位來自英皇，我和那位同學都考上了，另一位是皇仁書院的，六位裏面有三位是官校的學生。恒生聘請我的時候，會考還未放榜，但為了守信，我在恒生銀行工作了十年。

對學校和社的歸屬感

黃同學：我們學校有一棵無花果樹，它象徵着我們英皇的精神，就是比較純樸。無花果是沒有花的，象徵着我們應該像無花果一樣實而不華。

在 1967 年的舊校舍，我發現前人的確絞盡腦汁去利用這塊地，但因校舍由不同時代建成／重建的樓房組成，比較「九曲十三彎」，沒有一個公共空間。所以在設計新校舍的時候，大家都希望有更多公共空間。例如在暫遷校舍裏（英華女學校在 2012 至 2019 年校舍重建期間，借用了德貞女子中學位於深水埗青山道 101 號的舊校舍），中間有一個球場，只要我們一走出辦公室或課室，就可以看到整所學校，師生彼此交融呼應，是一個滿有溫情的群體。

在 2019 年落成的校園裏，我們的確有更多公共空間，大家可以一起享受這個嶄新的校園。

如何面對校舍暫遷的挑戰？

石校長：當時我們關心學生到了一個截然不同的社區如何適應，不少家長也擔心暫遷學校座落的社區是否安全。幸好香港培道中學和拔萃女書院皆曾暫借這所校舍（香港培道中學和拔萃女書院分別在 2006 至 2009 年和 2009 至 2011 年期間，因為原校舍需要重建而暫遷至德貞女子中學於深水埗青山道 101 號的舊校舍作為臨時校舍），她們的經驗，對我們很有幫助。

我很明白家長的顧慮，所以鼓勵他們以開放的心去面對。我告訴他們在我求學的年代，沒有地鐵或過海巴士，很多學生仍可以「攀山涉水」去上學；現在交通方便得多，我們也鼓勵學生放眼世界，跨區上學對她們不無好處。

在深水埗校舍第一次的開學禮上，我鼓勵學生以一個樂觀、正面的心態面對暫遷的挑戰。我分享抗戰時期西南聯大師生在戰亂中的奮鬥和生活（國立西南聯合大學，是抗戰時期由當時的北京大學、清華大學、南開大學在雲南昆明共同組成的大學），讓她們明白校舍新舊、好壞並不重要，最重要是師生關愛和力求上進的精神。

結果，學生和家長都很積極回應暫遷的挑戰。有些同學告訴我上學放學途中多了時間看書、溫習，甚至和同學聊天、聯絡感情。其實，

深水埗校舍提供了很多新的學習機遇。學生上體育課時可以在附近的設施嘗試溜冰、打高爾夫球，也可以參與很多義工服務活動，從而接觸到露宿者、單親小朋友和低收入家庭等。

學校有哪些令校友值得自豪的地方？

石校長：我認為是服務精神。在很多團體和機構裏願意付出而又不邀功的人，大多數是英華的畢業生。英華的學生是少說話、多做事，為人比較低調。

近年有很多校友討論培育學生「To Serve and to Shine」的素質。「Shine」不代表要發出令人炫目的光芒，例如一支蠟燭就可以照亮一間很黑暗的房間。我們希望學生能盡自己所能去幫助別人。同時，不亢不卑很重要。

為學校籌款時會面對甚麼困難？

石校長：我在 2001 年回母校服務，當時未有籌款的文化。除了

在健身室舉行畢業謝師宴（圖片來源：李石玉如女士）

在 1930 和 1960 年代重建校舍的大型籌款外，後期的籌款也比較小型。加上早年很多女士主力持家，沒有在社會上工作，經濟也不獨立。如果沒有丈夫的支持，很多校友便要用「私房錢」來捐款。一般而言，男校籌款，相對輕鬆，直接請校友捐錢便可以，款額很容易就數以萬計。

為了建立一個願意分享的籌款文化，我和校友會下了一番工夫，包括參加不同籌款晚會，從而參考它們的理念和做法。經過多年的努力，大家慢慢明白捐款並非向人乞求施捨，因為籌得的款項都是為了造福學生。所以籌款是與別人分享願景的機會，捐款是愛心關懷的回應。大家在 2006 年考慮成立校友會慈善信託基金，願景是不轉做直資學校，堅持在公營系統裏，服務不同階層的學生。因此，我們必須尋覓更多資源，以繼續提供高質素的教育。很多家長和校友都認同和擁抱這個願景，上下一心來回應。

我們沒有用鋪天蓋地的方法去籌款，卻是踏踏實實、勤勤懇懇地做。例如 2006 年我們舉辦第一次電影籌款晚會，校友會和家長教師會招募了一百多位大使，每人大概打三、四十個電話，與校友、家長作個人聯絡。這個做法，與我們重視人的文化相符，因此人與人之間的互動更多，也令大家更明白籌款的願景。當時，籌款小組為大使安排簡介會，也預備一些重點信息，給大使參考。那一次籌款十分成功，共籌得五百多萬元，是我們意料之外的成果。

日　期	2019 年 10 月 21 日
地　點	英華女學校
受訪者	林曉榆同學（2015 年入學，受訪時就讀中五） 林天欣同學（2014 年入學，受訪時就讀中六） 戴朗月同學（2016 年入學，受訪時就讀中四） 吳永和老師

為甚麼選擇英華女學校？

戴同學：因為媽媽是舊生，她覺得母校很好，所以希望我也入讀她的母校。

林（曉榆）同學：因為我就讀的小學很接近英華，經常看見師姐們放學。加上姐姐是英華學生，所以一直覺得英華很好，在小學六年級時便報讀了英華。

林（天欣）同學：我並沒有家人在英華就讀，但在小學時去了英華的中一簡介會，有一種被啟發的感覺，覺得學生們很團結，讓我對英華有好感。

校園活動

林（曉榆）同學：我比較喜歡小眾的活動，在中二時開始參加 STEM 活動。STEM 是中一、中二的一門學科，課堂上會做些小測試。我參加了一些比賽和活動。每年大約參加一至兩個比賽，每一個參賽作品，都是一步一步地去完成的。而 STEM 是群體活動，我可以透過活動認識新朋友。負責的是物理科老師，所以我們經常會在物理實驗室裏進行 STEM 活動。我參與過設計機械人、3D 打印、航拍和產品設計比賽。

學校很鼓勵同學參加課外活動，但不會強迫我們參加任何活動，不過會限制我們參加活動的數量。大部分同學都很踴躍，所以很容易便到了學校規定的活動上限。

左起：林曉榆同學、林天欣同學、戴朗月同學、李石玉如女士

戴同學：去年我參與過 STEM 的活動，但今年沒有，因為怕不夠時間去完成視覺藝術科的功課。除此之外，我參加了電影學會，放學後會在課室看電影，很輕鬆。電影學會由幹事選擇播放的電影，我是其中一名幹事。另外我也參加了合唱團。

以前的校園（深水埗的暫借校舍）和現在的（重建後的全新校舍）有甚麼區別？

林（天欣）同學：舊校舍（深水埗的暫借校舍）的公共空間比較少，只有在每層樓的升降機旁的空間放置一兩張圓桌。現在全新的校園就有更多和更大的空間放置休閒桌椅，給同學和老師們享用這些社交空間。例如四樓教員室外有兩排近十套的桌椅，又例如三樓美術室外的空間也放置了幾套休閒桌椅(這裏是指連接二樓到三樓的「信心天階」（Steps of Faith）梯階的頂部，就像個大陽台，很開揚，能看到維港景色)。除了在自己的班房外，午飯時我們也可以在戶外的這些地方吃飯。另外新校舍也多了一些小型課室，我們可以使用的空間更多了。

雖然校內有地圖，但剛在新校舍上課時曾經試過在校園內迷路，找不到去會議室的路。現在的新校舍有兩個校園區，A 區是原來的羅便臣道正校園，另一個是步

行兩分鐘毗鄰的 B 區，也叫作卑利士道校園。

吳老師：「Steps of Faith」是校園較正中位置連接二樓和三樓的梯階，設計得像一個戶外劇場的「觀眾席」，可以向下望，看表演。同學們可以在這裏遠眺着維港吃飯聊天、看書等等。這地方也有特別意義，就是紀念創校的傳教士校長以至歷任校長、教師和同工，同時希望藉此鼓勵舊生捐款，為重建校舍籌款。

新校舍的設計為建設一個飯堂預留了地方。相比於已拆卸的 1967 年校舍，師生們有更多用膳方面的選擇。在正校園區有小賣部，而飯堂則位於卑利士道校園，近日（即接受訪問時）才完成裝修工程，開始運作營業。很多人都說新校舍給人的感覺像大學、學院。

學校有哪些令你感到自豪的地方？

林（天欣）同學：我學懂了欣賞別人，不要自我中心，會去包容別人的興趣，比如戴朗月喜歡音樂、畫畫，而我喜歡歷史，大家可以各顯所長。另外，學校有很強的基督教信仰背景，教我學會了凡事感恩。

我覺得學校在「傳承」方面令我最感到自豪。我們每一位同學都清楚學校的歷史，知道每一任校長的貢獻，讓我們感謝前人為英華作出的貢獻。

學校明白創新和尊重學生意見的重要性，例如有不少同學反映舊款的校褸保暖功能較差，款式也像給男生穿的。上年度學校便設計了新校褸，並且是一套兩款的，有長褸和短褸，給同學選擇適合自己需要的去購買；新校褸同時保留了由學生設計的舊校章，把它的設計用在新校褸的拉鏈，象徵文化上的傳承，在發展時也要記住前人的貢獻，保持一顆感恩的心。

戴同學：我覺得學校會接納不同意見，有時即使學生的意見與校方不同，也容許學生自由發揮。

聖保羅書院

St. Paul's College

日　期	**2019 年 10 月 25 日**
地　點	**聖保羅書院**
受訪者	**陳幼南博士（1960 至 1969 年就讀小五至高六）**

哪年入讀聖保羅？

陳博士：我是 1960 年入讀小學五年級的，因為 1960 年之前聖保羅沒有一至四年級，從 1960 年開始才有一至四年級，但我入讀時是五年級生。一直至完成中學會考，我仍繼續在這裏讀書。在我讀書的年代仍有「Lower 6」和「Upper 6」（英文中學設兩年中六課程，稱為「初六」(Lower 6)及「高六」(Upper 6)，為升讀香港大學的先修課程，後期改稱「中六」及「中七」），我讀完「Upper 6」才離開香港到外國讀書。先去了加拿大多倫多大學 (University of Toronto)，之後去了美國普林斯頓大學 (Princeton University) 攻讀博士學位。

為何會去外國讀書？

陳博士：中學的時候，有段時期我很想做醫生，所以考香港大學時目標是醫學院。當時香港大學醫學院已經取錄我，但最終我沒有入讀。沒有入讀的原因是 1967 年香港暴動，很多同班同學都出國了，我又很嚮往到外國讀書，而且我覺

得如果我對醫學真感興趣的話，可以讀完大學才讀醫學院，外國都是這樣的。

好，所以選擇了來聖保羅就讀。我的同學之中，有很多都是這樣，因兄弟姊妹的關係而入讀。

為甚麼入讀聖保羅？

陳博士：申請聖保羅的原因是姐姐在附近讀書，她在聖士提反女子中學讀書，她說這所學校好，我便報了名。當時年紀小，也不太清楚哪一所學校好，哪一所學校不

有沒有一些印象深刻的事情？

陳博士：有數樣事情。第一，同學之間的感情都十分好，一直維繫至現在。我那一屆有六班，我們入讀中學第一年是有六班的，是因

左起：陳耀輝同學、陳幼南博士、伍敦文同學

為當時校長 Mr. Speak（史璧琦牧師 Geoffrey L. Speak）的理念——有教無類，所以由兩班變四班，四班變六班，取錄了很多學生。大家的感情很好，讀書時一起讀書，很少感覺到很激烈的競爭氣氛，很平和，大家一起努力讀書，還經常去香港大會堂的自修室。

另一個深刻印象的是 1968 年暑假，我們成功舉辦了第一屆聯校科學展覽（Joint School Science Exhibition），是由我發起的。我們的目的是希望引起中學生對科學的興趣，因為當時沒有太多這樣的活動，頗為哄動。在香港大會堂低座，即是現在美心皇宮那邊做了展覽，共有十所學校參加。那兩天，有很多人在香港大會堂排隊，有兩萬多人來參觀。當時聖保羅書院給我們很多空間，能讓我們做到那麼多事情，其實是很難得的。

▎有哪些比較知名校友？

陳博士：這是我們那年舉辦的聯校科學展覽宣傳設計。封面由聖保羅書院學生鮑皓昕設計。鮑皓昕

1968 年聯校科學展覽的宣傳設計
（圖片來源：陳幼南博士）

其後更參與了著名導演貝托魯奇《末代皇帝》的電影拍攝工作，更在幕前演出了醇親王一角。

我們學校很特別，很多人從政。在立法會，我想有相當多的聖保羅舊生，而這些舊生代表的政治光譜也很闊，左、中、右派也有。譬如有曾鈺成、曾德成、李永達、張超雄、勞永樂、丁午壽、劉秀成、劉兆佳、任志剛、葉澍堃，這些全部都是聖保羅校友。

同學之間友誼／
氣氛如何？

陳博士：當時一級有六班，學生的家庭背景參差得厲害，有些比較富裕，亦有些比較清貧。舉一個例子，我那班有一個同學，他住在軒尼詩道的舊木樓，一層住 18 個人，他考了兩、三年第一，但是家庭環境絕對不會影響我們交朋友。

同學之間
如何維繫感情？

陳博士：維繫大家感情的還有合唱團，我們當時的合唱團在香港連續贏了七屆校際音樂節冠軍。（陳博士是男低音，也是合唱團的團長）

陳幼南學生時代照片 （圖片來源：陳幼南博士）

日 期	2019 年 10 月 25 日
地 點	聖保羅書院
受訪者	陳耀輝同學（2009 年入讀聖保羅書院小學，受訪時就讀中五） 伍敦文同學（2015 年入學，受訪時就讀中五）

為甚麼入讀聖保羅？

陳同學：我的哥哥小學時已就讀聖保羅書院小學，他認為很好，所以在我升讀小一時便報讀了這所學校，到升中派位時也選擇了聖保羅書院，一直讀到現在。我一向覺得聖保羅書院有其突出的傳承文化，我從小六升讀中一時有一個很好的銜接課程，讓我們與中學課程有緊密聯繫。

伍同學：就讀聖保羅書院是因為我的舅父是舊生，家人認為聖保羅書院很好。而且聖保羅書院是香港其中一所名校，交通又方便，現在有了香港大學站後，上學更加方便。當時聖保羅書院是第一所取錄我的學校，所以我便直接入讀了。

校園活動

陳同學：我從小二開始參加合唱團，當時是唱高音，現在是唱低音。我們有不少舊生也是合唱團成員，例如陳幼南博士，他會和其他舊生在周年晚會和暑期活動中唱歌。畢竟除了運動，音樂在聖保羅書院是歷史悠久的活動，由吳東牧師開創這個傳統，他會帶我們參加不同比賽。很多同學在中一時也參加過合唱團，所以音樂甚至比運動更重要。

伍同學：我主要參加運動，但也有參加音樂活動，只是沒有花太多時間在合唱團、管弦樂團上。中三時我參加了手球隊，雖然手球是冷門的運動，但我卻能得到更多機會發揮。

同學之間友誼／氣氛如何？同學之間如何維繫感情？

伍同學：可能因為學校本身注重「手足情」，同學會互相幫助。例如中四的學生會幫助中一的師弟，那是一種訓練，中四時開始接觸中一的師弟，跟他們聊天、了解他們、帶他們去認識校園。去年我也有參加。我們學校的中一新生可參加「突破營」，這是一個傳統。「突破營」是一個三日兩夜的長洲宿營。我們作為學生導師也會陪他們一起去，跟他們經歷難忘旅程。最令我引以為傲的是學校那種「兄弟情」，其他學校的文化可能相對競爭性較大，而我們是互相支持。

除了學生做導師外，舊生也會回來幫助師弟。譬如中三選科時會有舊生回來解答問題；每年一、二月時中四學生會有師友計劃，從事不同行業的舊生都會回來介紹各個行業的生態，譬如你想從政，會有政界的舊生回來分享；也會有高桌晚宴（High Table Dinner）。

陳同學：我和原校升讀的小學同學有深厚的感情，因為大家至少相識了十年，始終十年朋友的感情很深厚。大家會出去玩，一起相處。如果將來要去海外讀書的話我一定會依依不捨，因為很多聖保羅同學讀至中五便去外國升學，離別時候總會感到失落。

母校帶給你最大的得着是甚麼？

陳同學：我覺得是校方給予我們很多嘗試的機會。主辦聯校活動時，校長跟我們開會，並全力支持，及給予很多空間讓我們去嘗試。例如學校提供了場地來支持我們的活動。歷史方面，因為這所學校是全港第一所學校，我覺得能夠成為這

裏的學生是十分高興和自豪的事。

其實校歌其中一句「All for each and each for all」是最重要的精神，而學校的精神就是大家互相幫助以達成一個共同目標。希望這種精神能夠繼續傳承下去，令學校變得更好。

伍同學：我很感激學校給了我們很多機會，讓學生可以決策、籌辦不同活動。學校又會推薦一些卓越的學生參加不同比賽，認識其他傑出學生。這些都是培養我們成為領袖的寶貴機會。

總結

人間四月，是考公開試的時節，莘莘學子赴試應考，為過去所學，來一個總結，然後再踏青雲，扶搖天際。再回頭，為每天上學之路，修業之所，同窗之友，難捨難離。

學校是一個青春常駐的地方，春泥化育，促進腦筋發達，良才茁長。校園萬事皆備，體制俱全，但這事並非一夜成就，所謂前人種樹，後人乘涼，追本溯源，要從一百八十年前的中西區說起。

我們翻開了這部《搖籃地——中西區教育今昔》，同途上路，開步時空濛一片，只不過香港開埠一年後的光景，中國第一所西式學堂，便從澳門遷來香港，接着是篤信善行的理雅各，把馬六甲的英華書院，遷往中環。十年後，恭敬天主、愛人如己的史丹頓牧師，以「寅畏上主是為智之本」的宗旨，為華人辦學，給學校一個中文名稱——聖保羅書院，它是香港首間本地創立的學校，行俗世教育。

又過了十年，為配合香港經濟發展，港府開始設立官立學校，奠定教育體制，首間的皇仁書院和其後的庇理羅士女子中學，以及英皇書院，着重勤有功、戲無益，登高見博，慎思篤行的學習態度，非常務實。1939 年，港府設立羅富國師範學院，訓練更多合格師資，是香港首間全日制師範院校。

教會在香港教育擔當了重要角色，十九世紀香港的西式教育，幾乎由教會包辦，本着信、望、愛的精神，在社區傳教、辦學，榮神益人。學校亦隨社區發展至半山和西區。天主教教會在戰前以修會辦學，戰後天主教教區成立，開辦高主教書院，自始堅毅力行地開辦學校，是香港最大的辦學團體。

嘉諾撒仁愛女修會在半山開辦意大利修會學校，為歐裔和華裔女童，以及孤兒提供教育和福利事宜，叫世人依耶穌所言的「道路、真理、生命」，跟隨祂。喇沙會為歐裔和華裔男童提供教育，首辦聖若瑟書院，叫人勤奮向善；慈幼會精於工業培訓，教人學問與虔誠相兼顧；耶穌會不獲港府批准開辦大學，但接辦了華仁書院，並開辦利瑪竇宿舍，樹立耶穌基督的旗幟，

勉勵學生「在這徽號下，汝可克敵」，叫人永不言敗，終能得勝。

本着基督「非以役人，乃役於人」的精神，白思德女士在1860年到港，開辦多所白思德學校，是聖公會小學之始。同年在西營盤成立的曰字樓女館，日後發展為拔萃男書院和拔萃女書院，兩者亦是最早由港島遷往九龍的學校，從道成肉身的意義，勉勵學生仿效基督，勵志揚善。

二十世紀初，富裕的華人階層興起，他們支持英國海外傳道會在半山開辦了聖士提反書院和聖士提反女子中學，及後更推動香港大學的成立，確有篤信多能、本信而進前的能力。1900年成立的英華女學校，寸陰是惜，努力耕耘，十年後開辦了香港首間華人幼稚園，1915年更開設師訓班，這時聖保羅女書院也成立了，及後開創了多項先河，如首設校服和校徽，男女同校等。

這些學校從創立至今，經歷了香港城市發展，幾許風雨，乘風破浪，校史反映了香港社會環境的變化與教育制度的更替，校舍卻能顯示學校的氣質和功能特色，促進學習和教學、鍛煉體魄、休憩和交誼，營造校園文化，因地制宜，與周邊環境融合。它們大多依山而建，有英倫學苑式的紅磚屋、有古典復興式的拱券柱廊建築、有灰藍主調風格的工藝院。我們走訪了這些設計獨一無二的校舍：花園、噴泉、陽台、高塔、遊廊、拱券、木地板、旋轉樓梯、煙囪、壁爐、瓦頂、地庫、百葉簾、牛眼窗、寶瓶欄河、工藝鐵花，彼此相互配搭，匠心獨運，得天獨厚，與別不同；彷彿迴盪着朗朗的讀書聲，時而歌樂繞樑，時而球影飛揚，哇啦啦笑語喧天，不亦樂乎。棠棣之華，鄂不韡韡，金蘭共結，滿室飄香，當中也曾有你我的身影。

我們邀請校友和同學來分享母校的往事和現況，聽他們娓娓道來，是回憶、是家書、是心聲；人和校與社區之間情誼交厚，脈絡相連。他們面帶笑容，有微笑的、咧嘴而笑的、笑靨如花的、笑語嫣然的、睇目而笑的，春風得意，心底

快樂，溢於言表，各有獨特的氣質，憶述着畢生難忘的往事。有令人會心微笑的相同經歷，有讓人感同身受的遭遇，也有意想不到的趣聞，五味紛陳，開懷暢語一番。由於本書篇幅所限，恕未能一一盡錄，在此我們謹向各位受訪人士和各所支持學校致以衷心感謝。

中西區是香港正規教育的源頭，教育先賢們篳路藍縷，開基創業，隨着城市擴展，陸續有更多的宗教團體、慈善組織，以及社會賢達興辦教育，繼往開來，遍地開花，配合瞬息萬變的社會發展和需求，不斷更新而變化，培育人才，造福社群。最後，我們祝願香港教育景象，桃李豐碩，一城芳華。

參考書目

▌一、 中文著作

陳翠兒、蔡宏興主編：《空間之旅：香港建築百年》。香港：三聯書店，2005 年。

陳美怡、香港教育大學香港教育博物館著、李子建、張樹娣、鄭保瑛主編：《校服歲月：圖說香港校服史》。香港：中華書局，2019 年。

陳昕、郭志坤主編：《香港全紀錄：卷一·遠古 -1959 年》。香港：中華書局，1997 年。

陳昕、郭志坤主編：《香港全紀錄：卷二·1960-1997 年》。香港：中華書局，1998 年。

鄧家宙編著：《香港華籍名人墓銘集 (港島篇)》。香港：香港史學會，2012 年。

丁新豹主編：《香港歷史散步》。香港：商務印書館，2008 年。

丁新豹、盧淑櫻：《非我族裔：戰前香港的外籍族群》。香港：三聯書店，2014 年。

東華三院：《東華三院一百三十年》。香港：東華三院，2000 年。

方駿、熊賢君主編：《香港教育通史》。香港：齡記出版有限公司，2008 年。

方美賢：《香港早期教育發展史》。香港：中國學社，1975 年。

馮邦彥：《香港地產業百年》。香港：三聯書店，2001 年。

郭志坤、余志森主編：《香港全紀錄：第三卷》。上海：上海人民出版社，2007 年。

何佩然：《地換山移：香港海港及土地發展一百六十年》。香港：商務印書館，2004 年。

何佩然：《城傳立新：香港城市規劃發展史 1841-2015》。香港：中華書局，2016 年。

何文翔：《香港家族史》。香港：Capital Communications Corporation Limited，1989 年。

黃棣才：《圖說香港歷史建築 1897-1919》。香港：中華書局，2011 年。

黃棟才：《圖說香港歷史建築 1841-1896》。香港：中華書局，2012 年。

黃棟才：《圖說香港歷史建築 1920-1945》。香港：中華書局，2015 年。

皇仁書院：《皇仁書院歷史圖片集 (1862-1992)》。香港：皇仁書院，1993 年。

洪金玉、關若文主編：《歷史回顧：歷任香港總督與香港珍貴歷史圖片 (1842-1997)》(香港第二版)。香港：香港榮譽出版有限公司，2000 年。

柯毅霖：《從米蘭到香港：150 年傳教使命》。香港：良友之聲出版社，2008 年。

柯毅霖、Angelo Paratico：《意大利人在港澳的 500 年》。香港：快樂傳媒集團有限公司，2014 年。

樂艾倫：《伯大尼與納匝肋：英國殖民地上的法國遺珍》。香港：香港演藝學院，2006 年。

李金強主編：《香港教會人物傳：一九一五至二零一五》。香港：香港華人基督教聯會，2014 年。

李志剛：《馬禮遜牧師傳教事業在香港的延展》。香港：香港中文大學崇基學院宗教與中國社會研究中心，2007 年。

李志剛：《基督教與香港早期社會》。香港：三聯書店，2012 年。

梁炳華主編：《香港中西區風物志》(2011 年修訂版)。香港：中西區區議會，2011 年。

梁操雅、丁新豹、羅天佑、羅慧燕編著：《教育與承傳 (二)：南來諸校的口述故事》。香港：香港教育圖書公司，2011 年。

梁操雅、杜子瑩、李伊瑩、關雪明、譚劍虹編：《從廣州到香港：真光流金歲月的口述故事》。香港：香港教育圖書公司，2012 年。

梁植穎：《官立英皇書院創校 160 週年紀念文獻圖片集 (1857-2017)》。香港：明報出版社，2017 年。

林時晴、張冠榮：《鮑思高慈幼會在華一百載》。香港：良友之聲出版社，2009 年。

劉粵聲主編：《香港基督教會史》。香港：香港浸信教會，1941 年。

劉紹麟：《古樹英華：英華書院校史》。香港：英華書院校友會有限公司，2001 年。

劉紹麟：《香港華人教會之開基：一八四二至一八六六年的香港基督教會史》。香港：中國神學研究院，2003 年。

劉紹麟：《中華基督教會合一堂史：從一八四三年建基至現代》。香港：中華基督教會合一堂，2003 年。

劉智鵬：《香港華人菁英的冒起》。香港：中華書局，2013 年。

湯泳詩：《瑞澤香江：香港巴色會》。香港：香港大學美術博物館，2005 年。

王賡武主編：《香港史新編》。香港：三聯書店，1997 年。

吳醒濂編著：《香港華人名人史略》。香港：古佚小說會，2007 年。

夏其龍編撰：《米高與惡龍：十九世紀天主教墳場與香港》。香港：香港中文大學天主教研究中心，2008 年。

夏其龍、譚永亮編：《香港天主教修會及傳教會歷史》。香港：香港中文大學天主教研究中心，2011 年。

香港教育大學香港教育博物館編著、李子建、張樹娣、鄭保瑛主編：《再做一次幼稚園生──香港幼兒教育今昔》。香港：中華書局，2018 年。

香港教育資料中心編寫組：《香港教育發展歷程大事記(一零七五一二零零三)》。香港：香港各界文化促進會，2004 年。

蕭麗娟、香港歷史博物館：《孫中山與香港：孫中山紀念館展覽圖錄》。香港：香港歷史博物館，2013 年。

顏明仁：《戰後香港教育》。香港：學術專業圖書中心，2010 年。

張慧真、孔強生：《從十一萬到三千：淪陷時期香港教育口述歷史》。香港：牛津大學出版社，2005 年。

張連興：《香港二十八總督》。香港：三聯書店，2012 年。

鄭宏泰、黃紹倫：《香港大老：何東》。香港：三聯書店，2007 年。

鄭宏泰、黃紹倫：《香港將軍：何世禮》。香港：三聯書店，2008 年。

鄭宏泰、黃紹倫：《何家女子：三代婦女傳奇》。香港：三聯書店，2010 年。

鄭宏泰、黃紹倫：《政商兩和：何東》。香港：三聯書店，2013 年。

鄭宏泰、周振威：《香港大老：周壽臣》。香港：三聯書店，2006 年。

周家建等編著：《建人建智：香港歷史建築解說》。香港：中華書局，2010 年。

周佳榮、黃文江：《香港聖公會聖保羅堂百年史》。香港：中華書局，2013 年。

二、 英文著作

António M. Pacheco Jorge da Silva, *The Portuguese Community in Hong Kong: A Pictorial History*. Macau: Conselho das Comunidades & Instituto Internacional Macau, 2007.

Diocesan Girls' School, *Diocesan Girls' School Kowloon: A Brief History 1860-1977*. Hong Kong: Hing Yip Printing Co., 1978.

Gwenneth Stokes, John Stokes, *Queen's College: Its History 1862-1987*. Hong Kong: Queen's College Old Boys' Association, 1987.

Hong Kong Broadcasting Committee, *Hong Kong Centenary Commemorative Talks, 1841-1941*. Hong Kong: World News Service, 1941.

Hung-kay Luk, *A History of Education in Hong Kong*. Hong Kong: Lord Wilson Heritage Trust, 2000.

Irene Cheng, *Intercultural Reminiscences*. Hong Kong: David C. Lam Institute for East-West Studies, Hong Kong Baptist University, 1997.

Patricia Lim, *Forgotten Souls: A Social History of the Hong Kong Cemetery*. Hong Kong: Hong Kong University Press, 2011.

Stuart Wolfendale, *Imperial to International: A History of St John's Cathedral, Hong Kong*. Hong Kong: Hong Kong University Press, 2013.

Vincent H. Y. Fung, *From Devotion to Plurality: A Full History of St. Paul's College 1851-2001*. Hong Kong: St. Paul's College Alumni Association, 2001.

W. T. Featherstone, *The Diocesan Boys School and Orphanage, HongKong: The History and Records, 1869 to 1929*. Hong Kong: Diocesan Boys' School, 1930.

Yee Wang Fung, Mo Wah Moira Chan-Yeung, *To Serve and to Lead: A History of the Diocesan Boys' School, Hong Kong*. Hong Kong: Hong Kong University Press, 2009.

三、 報刊和年鑑

大公報（1938/08/13-1991/12/31）

華僑日報（1947/05/01-1991/12/31）

基督教週報（1964/08/31 - 現在）

香港工商日報（1926/04/01-1984/11/30）

香港工商晚報（1930/11/16-1984/11/29）

香港華字日報（1937/01/28-1938/01/27）

香港年鑑（1949-1992）。香港：華僑日報有限公司。

China Mail (1866/01/04-1961/12/29)

Hong Kong Daily Press (1864/01/04-1941/09/30)

Hongkong Telegraph (1881/06/16-1951/03/30)

四、 校刊及紀念特刊等

庇理羅士女子中學 120 年流金歲月（1890-2010）

弘道，聖保羅書院校刊

黃龍報，皇仁書院校刊

基督教香港崇真會 160 周年特刊

金文泰中學七十周年校慶校友會紀念特刊

金文泰中學鑽禧特刊（1926-2001）

培英中學創校一二零周年紀念特刊（1879-1999）

聖保羅男女中學七十五週年校慶紀念特刊

聖保羅男女中學鑽禧紀念特刊

聖保羅堂七十五周年紀念特刊（1911-1986）

聖公會聖彼得小學——黎可欣校長、李慕儀主任
　　受訪者（校友）：何仲平醫生、譚碧儀女士
　　受訪者（學生）：徐俊軒同學、邱仁毅同學

聖若瑟書院——程景坡校長、廖凱詩主任
　　受訪者（學生）：陳彥融同學、林浚彥同學、黃柏陶同學、Hossain Fahim 同學

聖保羅書院——源廸恩校長、黃煒鍟主任
　　受訪者（校友）：陳幼南博士
　　受訪者（學生）：陳耀輝同學、伍敦文同學

聖保羅書院校史展覽館

聖類斯中學——余立勳校長、蘇浩賢副校長
　　受訪者（校友）：陳天富先生、何浚麒先生

嘉諾撒聖心書院——霍慧敏修女

嘉諾撒聖心學校——陳李玉珊校長、劉岑淑華副校長
　　受訪者（校友）：任燕華女士
　　受訪者（學生）：冼頌恩同學、溫芷晴同學

姜鍾赫博士（香港教育大學文學及文化學系副系主任及助理教授）
張定安博士（香港教育大學社會科學系主任及副教授）
梁佩雲教授（香港教育大學中國語言學系教授 (實踐))

搖籃地——中西區教育今昔

黃棣才　劉亮國　香港教育大學香港教育博物館　著
李子建　鄭保瑛　鄧穎瑜　主編

責任編輯	郭子晴	
裝幀設計	明　志	
排　版	明　志	
	時　潔	
印　務	劉漢舉	

出版
中華書局（香港）有限公司
香港北角英皇道四九九號北角工業大廈一樓 B
電話：（852）2137 2338　傳真：（852）2713 8202
電子郵件：info@chunghwabook.com.hk
網址：http://www.chunghwabook.com.hk

發行
香港聯合書刊物流有限公司
香港新界大埔汀麗路三十六號
中華商務印刷大廈三字樓
電話：（852）2150 2100　傳真：（852）2407 3062
電子郵件：info@suplogistics.com.hk

印刷
美雅印刷製本有限公司
香港觀塘榮業街六號海濱工業大廈四樓 A 室

版次
2020 年 7 月初版
©2020 中華書局（香港）有限公司

規格
16 開（230mm×170mm）

ISBN
978-988-8675-87-6